하나님만이 이기게 하신다!

특별히 _____ 님께
이 소중한 책을 드립니다.

하나님만이 이기게 하신다!

〈아브라함의 삶에서 길찾기〉

김원광 지음

나침반

하나님의 나라 그 위대한 시작

성경은 아무리 퍼내도 끊임없이 솟아나는 샘과 같이 우리 삶에 늘 새로운 감동을 주는 하나님의 지혜입니다.

아브라함에 대해 이미 여러 차례 읽고, 묵상하고, 전하기도 했지만, 다시 그의 삶을 추적하면서, 여전히 새로운 깨달음들을 많이 얻게 됩니다.

그는 매우 보잘 것 없고 연약한 초신자의 모습으로 신앙생활에 입문을 했습니다. 하지만 그의 신앙은 날마다 자라 마침내 믿음의 조상이라 불릴 정도로 신앙의 거인이 됩니다.

아브라함의 삶은 우리에게 큰 도전이 됩니다. 그래서 우리가 성경을 읽을 때 자칫 아브라함이라는 인물을 주인공으로 착각하기 쉽습니다. 하지만 사실 성경의 주인공은 아브라함이 아닙니다.

아브라함이 이런 신앙의 거인이 되기까지 그를 인도하신 분이 계십니다. 바로 하나님이십니다. 하나님은 우상을 숭배하며 살다 멸망했을 평범한 인물인 아브라함을 당신의 백성으로 불러 주셨습니다. 그리고 그에게 하나님이 어떤 분인지를 깊이 알게 해 주셨고, 마침내 자기 생명을 걸고 하나님께 충성하는 신자로 아브라함의 삶을 성숙시켜 주셨습니다.

그러므로 우리가 주목해야 할 대상은 아브라함이 아니라 하나님입니다. 하나님은 아브라함이라는 평범한 인물을 하나님 나라 건설의 초석이 되게 하셨습니다. 세상 모든 사람들에게 존경받는 믿음의 조상이 되게 하셨습니다.
모든 것이 하나님의 은혜였습니다.

이 책에서는 그 크신 하나님의 은혜가 아브라함이란 한 사람에게 어떻게 임하는지, 그리고 그 은혜에 아브라함이 어떻게 반응하는지 함께 살펴가면서 우리도 아브라함처럼 신앙이 성숙해지는 경험을 할 수 있기를 소원합니다.

주님의 넘치는 은혜가 이 책을 읽는 모든 분들 위에 충만하게 임하시기를 기원합니다.

승리의 깃발 아래에서
김원광 목사

차례

제1장

택하시고 부르신 하나님

창세기 12장 1-9절

인간이 바벨탑을 세우고자 한 것은 교만 때문이었습니다.

그들은 어리석게도 탑을 높이 쌓아 그 꼭대기를 하나님이 계신 곳에 이르게 하겠다는 과욕을 부렸습니다. 자신들을 하나님처럼 높여, 스스로 신적 영광을 받고 싶었던 것입니다.

하나님은 그들의 행위를 악하게 여기셨습니다. 그래서 그들의 언어가 서로 통하지 못하도록 징계하셨습니다. 이로 인해 그들은 더 이상 탑을 쌓을 수가 없었고, 말이 통하는 자들끼리 무리를 지어 뿔뿔이 흩어지게 되었습니다.

아브라함은 그들 가운데 셈의 후예인 데라의 가정에서 태어났습니다.

한동안 갈대아 우르 지역에 정착해 살던 아브라함과 그의 온 가족은 하나님의 명령에 의해 하란으로 이주를 했습니다. 그리고 거기서 데라가 세상을 떠났습니다. 그 후 하나님은 다시 아브라함에게 당신께서 지시하시는 땅(가나안)으로 가라고 하셨고, 아브라함은 그 명령에 순종했습니다.

"우리 조상 아브라함이 하란에 있기 전 메소보다미아에 있을 때에 영광의 하나님이 그에게 보여 이르시되 네 고향과 친척을 떠나 내가 네게 보일 땅으로 가라 하시니 아브라함이 갈대아 사람의 땅을 떠나 하란에 거하다가 그의 아버지가 죽으매 하나님이 그를 거기서 너희 지금 사는 이 땅으로 옮기셨느니라"(행7:2-4)

처음 소명을 받았을 때, 아브라함은 하나님의 명령에 온전히 순종하지 못했습니다. 그는 하나님이 지시하신 땅까지 계속 전진하지 못했고, 데라가 죽기까지 하란에 머물렀습니다.

데라가 죽고 난 후, 하나님은 다시 아브라함에게 나타나 당신께서 '지시할 땅'으로 가라고 명령하셨습니다. 그제야 아브라함은 가나안까지 순종하며 갔습니다. 하나님은 아브라함을 부르시면서 특별한 약속을 하셨습니다.

"내가 너로 큰 민족을 이루고 네게 복을 주어 네 이름을 창대하게 하리니 너는 복이 될지라 너를 축복하는 자에게는 내가 복을 내리고 너를 저주하는 자에게는 내가 저주하리니 땅의 모든 족속이 너로 말미암아 복을 얻을 것이라"(창 12:23)

하나님의 약속을 받은 아브라함은 마침내 믿음으로 순종했습니다. 아브라함이 하나님의 말씀을 좇아 하란을 떠날 때에 조카 롯도 그와 동행 했습니다. 아브라함이 하란을 떠날 때, 그의 나이는 75세였습니다.

〈이 말씀이 주는 중요한 교훈들〉

1. 독특한 나라를 세우기로 작정하신 하나님

바르톨로뮤와 고힌은 『성경은 드라마다』라는 책에서 "언약과 하나님 나라가 성경의 주요 출입구"이기에 그것을 책의 구조로 삼는다고 했습니다. 그들은 "언약과 하나님 나라는 동일한 실체를 다른 방식으로 다루는 동전의 양면과 같은 것"이라고 했습니다. 우리는 성경이 하나님의 나라에 관한 이야기임을 알아야 합니다. 하나님이 아브라함을 갈대아 우르에서 불러내셔서 함께 시작하신 일은 당신의 나라를 세우시는 것이었습니다. 그로부터 이어지는 모든 성경의 역사는 그 나라를 세우는 이야기가 중심축이라 할 수 있습니다.

혹시 이런 필자의 말에 대해 "본문 어디에 나라를 세우겠다는 말이 있느냐?"고 반문하실 분들이 계실는지도 모르겠습니다. 그런 분들을 위해 이런 예를 들어봅시다. 어떤 집단이 국가로 인정되려면 세 가지 구성 요소들이 갖추어져야 합니다. 바로 국민과 영토와 주권입니다. 이 세 가지 중 하나만 없어도 국가가 될 수 없습니다.

그런데 하나님께서 아브라함에게 하신 말씀 중에는 이 세 가지 요소들이 다 등장합니다. 영토는 하나님이 약속하신 땅(보여줄 땅)입니다. 백성들은 아브라함의 후손들(큰 민족)입니다. 그리고 주권이 하나님께 있는 나라입니다. 대한민국의 주권은 국민에게 있다고 되어 있지만, 하나님 나라의 주권은 하나님께 있습니다. 그러므로 본문이 하나님께서 아브라함과 함께 당신께서 주권자로 다스리시는 특별한 나라를 세우시겠다고 선언하시는 것으로 이해될 수 있는 것입니다. 그런데 하나님이 아브라함과 세우실 그 나라는 매우 독특합니다.

(1)철저히 하나님이 주도하여 세우시는 나라입니다.

큰 민족을 이루게 하실 분도 하나님이십니다.

아브라함에게 복을 주어 그 이름을 창대하게 하실 분도 하나님이십니다.

아브라함을 축복하는 자에게 복 주시고, 저주하는 자에게 저주하실 분도 하나님이십니다.

땅의 모든 민족이 복을 받게 하실 분도 하나님이십니다.

나라를 세우는 과정에서 아브라함은 그저 순종하고 따라야만 했습니다. 모든 일을 주관하시는 이는 오직 하나님이셨습니다.

(2)땅의 모든 족속을 복되게 할 나라입니다.

"땅의 모든 족속이 너로 말미암아 복을 얻을 것이라..."(3절)

그 나라는 아브라함과 그의 후손만을 위한 나라가 아니었습니다. 땅의 모든 족속에게 복이 될 나라였습니다. 하나님 나라 백성의 정체성이 바로 여기서 드러납니다.

그 나라 백성은 세상의 빛과 소금입니다. 세상을 복되게 하는 삶을 살아야 합니다. 신자는 자신이 하나님의 부름을 받고 그분의 은혜와 복을 누리는 이유가 땅의 모든 족속을 복되게 하기 위함임을 잊지 말아야 합니다.

2. 아브라함과 함께 세우실 그 나라

하나님께서는 당신 혼자 그 나라를 세우실 수 있으시지만 하나님은 그 일에 사람을 동참시키기로 하셨습니다. 아브라함이 바로 그 사람이었습니다. 하나님이 아브라함을 동참시키신 이유는 그가 다른 사람들보다 더 나아서가 아니었습니다. 그는 매우 평범한 보통사람이었습니다.

(1)평범한 집안

여호수아는 아브라함의 아버지 데라가 메소포타미아에서 우상을 숭배하였다고 분명히 말했습니다(수 24:2). 그렇다면 아브라함도 하나님이 부르시기 전까지 우상숭배의 영향을 받았을 것임이 분명합니다. 즉 그의 출신 배경에 별로 특별하거나 탁월한 면들이 두드러지지 않는다는 것입니다. 그는 당대 어느 곳에서나 쉽게 찾아볼 수 있는 우상숭배자들 중의 하나였을 뿐입니다.

(2)온전치 못한 순종

갈대아 우르에서 부름을 받았을 때, 아브라함은 하나님의 명령에 온전히 순종하여 가나안까지 단숨에 나아가질 못했습니다. 그는 하란에 오랜 기간 머물렀습니다. 당시는 족장의 영향력이 절대적인 시절입니다. 아브라함의 아버지 데라는 그런 족장들 중 하나였을 것입니다. 그렇다면 아브라함은 우르에서 하나님이 자기에게 말씀하신 것들에 대해 아버지 데라와 상의했을 것이 분명합니다.

결국 아브라함은 다른 가족들과 함께 우르를 출발할 수밖에 없었습니다. 여기서 그는 "네 본토 친척 아비 집을 떠나라"는 말씀을 온전히 순종하지 못했던 것이었습니다. 데라가 죽은 후에야 비로소 아브라함은 하나님의 말씀에 순종하여 가나안으로 출발할 수 있었습니다.

이런 아브라함의 행동은 보통 사람들과 큰 차이가 없습니다. 그는 우리가 흔히 볼 수 있는 일반적인 성정을 지닌 사람에 불과했습니다. 하지만 하나님께서는 그런 아브라함을 한 번 부르시고, 또 부르셔서 그 나라를 세우는 일에 사용하신 것입니다.

하나님이 행하신 이 모든 일들은 그를 향한 특별한 선택의 은혜였습니다. 오늘도 하나님은 지극히 평범한 인물들을 불러 함께 일하시기를 기뻐하십니다. 이보다 더 놀라운 은혜가 어디 있겠습니까?

3. 믿음의 응답으로 복 받은 아브라함

하나님은 아브라함을 한 번만 부르신 것이 아닙니다.

그가 온전히 순종치 못하자 또 그를 부르셨습니다. 하나님은 아브라함을 한걸음, 한걸음 인도하셨습니다. 그리고 아브라함도 이렇게 자신을 인도해 가시는 하나님의 부르심에 마침내 조금씩 반응하기 시작합니다.

"이에 아브람이 여호와의 말씀을 따라갔고 롯도 그와 함께 갔으며 아브람이 하란을 떠날 때에 칠십오 세라...."(4절)

아브라함의 삶은 하나님의 나라가 세워지는 과정 속에서 그 백성으로 부르심을 받은 사람들이 어떻게 반응해야 하는지를 보여줍니다. 즉 하나님의 부르심을 받은 자는 모든 것을 주관하시는 그분의 뜻에 철저히 순종해야 한다는 것입니다.

앞서 필자는 하나님이 그 나라가 세워지는 모든 과정을 홀로 주도하신다는 사실을 지적한 바 있었습니다.

나라의 영토가 될 땅도 하나님이 보여 주실 것입니다.

큰 백성도 하나님이 이루게 하실 것입니다.

모두를 하나님이 다스리실 것입니다.

그 나라는 오직 하나님이 세우시는 나라입니다. 그 나라를 세우는데 아브라함이 할 일은 거의 없습니다. 그렇다면 아브라함의 역할은 무엇일까요?

"아브람이 여호와의 말씀을 따라 갔고……"(4절)

아브라함이 해야 할 가장 큰 역할은 하나님의 뜻에 순종하는 것이었습니다. 말씀대로 순종하는 것은 그 나라 백성들에게 요구되는 가장 중요한 사명인 것입니다. 믿음으로, 하나님이 행하라고 명령하신 일들을 따라야 합니다. 아브라함은 바로 그 일을 했고 하나님은 그것을 가장 귀하게 여기셨습니다.

〈오늘을 사는 우리에게 주는 교훈〉

이 말씀이 오늘을 살아가는 우리와 무슨 상관이 있을까요?
이 말씀을 통해 우리가 얻을 교훈들은 무엇입니까?

1. 우리도 아브라함처럼 그 나라를 세우는 일에 부르심을 받았습니다.

그 나라를 세우는 일에 하나님은 아브라함만 사용하신 것이 아닙니다. 아브라함으로 인해 이루어질 큰 민족을 다 사용하셨습니다. 그 중에는 우리들도 포함됩니다. 성경은 아브라함의 후손은 육신을 따라 태어나야만 되는 것이 아니라고 합니다. 믿음으로 말미암는 사람들이야말로 참으로 아브라함의 자손이라고 말씀합니다.

"그가 할례의 표를 받은 것은 무할례시에 믿음으로 된 의를 인친 것이니 이는 무할례자로서 믿는 모든 자의 조상이 되어 그들도 의로 여기심을 얻게 하려 하심이라"(롬 4:11)
"그런즉 믿음으로 말미암은 자들은 아브라함의 자손인 줄 알지어다"(갈 3:7)

그러므로 이 땅에 사는 동안 우리가 해야 할 가장 중요한 일은 우리의 순종을 통해 하나님의 나라가 이 땅에 더욱 견고히 서도록 하는 것임을 잊지 말아야 합니다. 신자의 삶에서 이 일은 가장 보람 있고 아름다운 일이라는 사실을 마음에 새겨야 합니다.

2. 하나님이 세우시는 나라는 온 세상을 복되게 하는 나라입니다.

우리가 주의 나라를 세우는 일에 기쁨으로 동참해야 하는 이유는, 이 일이 온 세상과 인류에 큰 유익이 되기 때문입니다. 주의 나라는 사람들을 불행하게 하는 나라가 아닙니다. 그 나라는 모든 사람들을 큰 기쁨과 즐거움 속에 살게 할, 복된 나라입니다. 우리는 이렇게 고백할 수 있어야 합니다.

내가 믿는 이유는 나로 인해 모든 사람이 복 받게 하기 위함입니다!

우리 신앙의 선배들은 이 땅에 하나님의 나라를 온전히 세우려고 무던히 애를 썼습니다. 그리고 그들의 수고와 헌신이 있었기에 우리나라는 오늘과 같이 세계가 놀랄 번영의 복을 누리게 된 것입니다. 그런데 오늘날 교회의 모습은 어떠합니까? 과연 교회들이 하나님 나라의 모습을 잘 드러내고 있다고 말할 수 있을까요? 참으로 이 시대 교회가 세상의 복으로 존재한다고 떳떳이 말할 수 있겠습니까?

사람들이 "어둠의 세상 속에 그래도 교회가 여전히 빛으로 존재하기에 희망이 있다"고 말해야 합니다. 그 일을 위해 존재하는 것이 바로 우리 그리스도인들입니다.

3. 우리는 오직 겸손과 순종의 자세로
그 나라의 일을 이루어야 합니다.

그 나라는 전적으로 하나님이 세우는 나라입니다.

우리가 그 나라의 일에 동참한다 해도 우리 힘으로 그 나라를 세우는 것이 아닙니다. 그 나라는 오직 하나님이 당신의 능력으로 세우시는 것입니다.

예를 들어, 전도할 때 우리는 "내가 전도했다"고 말하기 쉽습니다. 하지만 실제로 모든 일을 이루시는 분은 하나님이십니다. 즉 하나님이 우리를 통해 전도하신 것입니다. 우리가 선한 일, 즉 구제와 봉사의 일에 열심을 낼 때도 마찬가집니다. 우리는 그 모든 일을 감당할 수 있도록 힘주시는 분이 하나님이심을 기억해야 합니다. 신자가 이 사실을 안다면 자연히 겸손해 질 수밖에 없을 것입니다.

우리 주위에는 남들보다 주의 일을 크게 감당하는 것처럼 보이는 사람들이 있습니다. 그러나 아무리 큰일도 다 주님이 행하시는 것임을 깨달아야 합니다. 그렇지 못하면, 그 나라를 세우는 자가 마땅히 취해야 할 겸손의 자세를 잃어버리기 쉽습니다. 남보다 내가 조금 더 구제하고, 전도하고, 헌신할 때, 그것이 자기 자랑거리가 되지 않도록 조심해야 합니다.

그 일들을 자기 힘으로 하는 것이라고 생각할 때, 신자는 그 나라 백성다운 모습을 잃어버리기 쉽습니다. 신자들 중에 자기 교회, 자기 능력 자랑하느라 정신이 없어서 다른 교회는 안중에도 없는 사람들이 있습니다. 이런 사람들 역시도 모든 일을 행하시는 분은 하나님이시라는 사실을 제대로 보지 못하는 것입니다. 그저 우리 교회, 우리 목사님만 높이는 일은 하나님 나라 전체를 보지 못하는 편협함을 드러낼 뿐입니다. 그 나라의 모든 일을 주장하시고 이루시는 분은 오직 하나님이십니다.

바울의 말을 들어 봅시다.

"내 말과 내 전도함이 설득력 있는 지혜의 말로 하지 아니하고 다만 성령의 나타나심과 능력으로 하여 너희 믿음이 사람의 지혜에 있지 아니하고 다만 하나님의 능력에 있게 하려 하였노라"(고전 2:4-5)
"어떤 이는 말하되 나는 바울에게라 하고 다른 이는 나는 아볼로에게라 하니 너희가 육의 사람이 아니리요 그런즉 아볼로는 무엇이며 바울은 무엇이냐 그들은 주께서 각각 주신대로 너희로 하여금 믿게 한 사역자들이니라 나는 심었고 아볼

로는 물을 주었으되 오직 하나님께서 자라나게 하셨나니 그
런즉 심는 이나 물주는 이는 아무 것도 아니로되 오직 자라
게 하시는 이는 하나님뿐이시니라 심는 이와 물주는 이는 한
가지이니 각각 자기의 일한대로 자기의 상을 받으리라"(고전
3:4-8)

우리는 일을 행하시는 이가 하나님이시라는 사실을 잊지 말고
겸손한 사역자가 되어야 합니다. 그리고 우리가 해야 할 일은 오
직 하나님의 영광만 드러내는 것임을 잊지 말아야 합니다. 일평
생 "하나님을 얼마나 영광스럽게 했는가?"하는 것이 삶을 잘 살
았는지를 평가할 수 있는 유일한 기준임을 기억해야 합니다.

4. 하나님은 순종하는 자에게 상급을 베푸십니다.

하나님은 순종한 아브라함에게 약속하신 모든 복을 주셨습니
다. 우리 삶에 주의 복이 넘치기를 원한다면, 약속의 말씀에 순종
해야 합니다. 그 때 주께서 약속하신 모든 복이 우리의 삶에 차고
넘칠 것입니다.

"내가 너로 큰 민족을 이루고 네게 복을 주어 네 이름을 창
대하게 하리니 너는 복이 될지라 너를 축복하는 자에게는 내
가 복을 내리고 너를 저주하는 자에게는 내가 저주하리니 땅

의 모든 족속이 너로 말미암아 복을 얻을 것이라"(창 12:23)

하나님께서는 아브라함에게 약속하신대로 모든 일을 행하셨습니다. 약속하신대로 그의 이름을 창대하게 하셨고, 그를 보호하셨습니다. 애굽 왕 바로의 손길 아래서 그를 건지셨습니다.

오직 믿음으로 약속의 말씀을 굳게 붙잡아야 합니다.

거기에 참 복의 길이 있습니다.

그렇게 살 때 우리는 또한 참으로 세상의 복이 될 것입니다.

설교 작성에 있어서 7가지 인물 설교 요점 적용

필자는 〈성경인물에 대한 성경적 설교〉라는 책(합동신학대학원간행)에서 성경인물에 대한 설교를 할 때에 반드시 고려해야 할 7가지 요점들을 소개한 바 있습니다. 이곳에 실린 설교들은 모두 그 7가지 요점들을 기초로 작성된 것들입니다.

#1. 구속사적, 그리스도 중심적 해석

여러 설교자들이 창세기 12장을 주로 아브라함이 어떻게 하나님의 뜻에 순종하였는지를 중심으로 분석하고 설교합니다. 그러나 아브라함의 이야기는 그의 영웅적인 신앙생활을 부각시키는 데 목적이 있는 것이 아닙니다. 도리어 하나님이 아브라함을 통해 구속역사를 어떻게 이루어 가시는가를 알려 주는 데 그 목적이 있습니다.

우리는 다음과 같은 주제의 설교들을 많이 들었습니다.

"아브라함은 갈 바를 알지 못하고 출발하였다."

"아브라함은 인간적인 모든 정을 넘어 순종했다."

이런 설교들은 주로 아브라함의 개인적이고 영웅적인 면을 부각시킵니다. 물론 히브리서 11장 9-10절과 같은 구절이 아브라함의 믿음의 행위를 후대의 모범으로 제시하는 것처럼 보일 수도 있습니다.

"믿음으로 아브라함은 부르심을 받았을 때에 순종하여 장래의 유업으로 받을 땅에 나아갈 새 갈 바를 알지 못하고 나아갔으며 믿음으로 그가 이방의 땅에 있는 것 같이 약속의 땅에 거류하여 동일한 약속을 유업으로 함께 받은 이삭 및 야곱과 더불어 장막에 거하였으니..."(히 11:8,9)

그러나 사실 이런 구절들은 다루려면 먼저 창세기 전체에 대한 연구가 선행되어야 합니다.

창세기 전체의 관점으로 보면 이런 방식의 설교로는 성경의 고유한 특성을 잘 드러낼 수가 없습니다. 성경의 고유한 특성은 그 말씀 안에 하나님이 계시된다는 사실에 있습니다. 그러나 앞서 지적한 설교들에서는 하나님의 행하시는 일보다 아브라함 자신이 더 강조됩니다. 그렇게 되면 성경 교훈의 핵심을 벗어날 위험성이 큽니다. 설교자는 반드시 하나님을 드러내는 일에 먼저 말씀의 초점을 맞춰야 합니다.

필자는 하나님의 행하시는 일에 중심을 두고 이 설교를 작성하고자 했습니다. 아브라함을 통해 그 나라를 세우시려고 하시는 분도, 그 나라 건설 과정에 아브라함을 동참시켜 주신 분도, 또한 그를 통해 세상이 복 받게 하실 분도 하나님이심에 주목했습니다. 이렇게 하나님이 행하시는 그 나라 건설을 중심에 두고 본문을 해석하고 설교하는 것을 구속사적 설교라 할 수 있을 것입니다.

#2. 하나님에 대한 반응이라는 관점에서 인물의 행위 해석

구속사적인 설교에서는 사람에 대한 이야기를 조금도 해서는 안 된다고 생각하기 쉽습니다. 하지만 그렇지 않습니다. 하나님의 부르심을 받고 난 후 아브라함이 보여주는 반응은 오늘을 살아가는 신자들에게도 중요한 교훈이 됩니다.

그러므로 필자는 이 설교에서 하나님의 행하시는 일에 대한 아브라함의 신앙적인 반응을 소개하였습니다. 아브라함은 하나님께서 그 나라를 세우시는 과정에서 자신을 부르신 뜻에 매우 조심스럽게 순종합니다. 하나님은 이런 아브라함의 반응을 기뻐하셨습니다. 설교의 중심은 항상 이런 하나님의 모습을 드러내는 데 있다는 사실을 잊지 말아야 합니다.

#3. 내러티브 본문에 대한 정당한 해석

아브라함의 내러티브를 해석할 때, 본문의 주어를 파악하는 일은 매우 중요합니다. 본문의 주어를 살펴보면 하나님이 모든 일을 주도하셨음이 분명하게 드러납니다. 설교자는 이 점을 놓치고 넘어가지 말아야 합니다. 그래야 아브라함이라는 사람을 중심으로 본문을 해석할 오류에서 벗어날 수 있습니다.

#4. 효과적인 본문의 제시

인물설교를 할 때에 설교자는 항상 본문 자체를 소중하게 다루어야 합니다. 대충 살펴보고 전하는 일은 항상 위험합니다. 무엇보다 설교자는 본문 전체의 내용을 회중들에게 온전하게 소개하기를 힘써야 합니다. 자신의 목적에 따라 마음대로 본문을 곡해하지 않기 위함입니다. 오직 성경의 바른 흐름과 맥을 따라 본문을 전달하고자 해야 합니다. 이런 설교라야 하나님의 말씀이라 할 수 있습니다. 필자는 본 설교에서 아브라함이 부르심을 받던 상황에 대해 최대한 자세히 설명하려고 했습니다.

#5. 인물의 전기가 되지 않도록 경계

아브라함의 위대함이나 그의 뛰어난 신앙심은 설교의 중심 내용이 아닙니다.

#6. 초상황적 적용점 찾기

아브라함을 통해 시작하신 하나님 나라 건설의 대 역사는 재림 때에나 달성될 것입니다. 우리도 그 나라 건설의 대 역사에 아브라함처럼 부름을 받았습니다. 그리고 그 때나 지금이나 동일하게 모든 것을 주도하시는 이는 하나님이시고, 우리는 오직 그분의 뜻에 순종해야 합니다.

#7. 시대에 맞는 적실성 있는 적용

이 설교는 본문에 대한 해석과 적용을 반반으로 배치하였습니다. 그것은 적용을 그만큼 중요하게 생각했기 때문입니다. 하나님을 향한 순종과 겸손의 자세는 이 시대 신자들에게도 동일하게 요구됩니다. 이런 삶을 통해 신자는 오늘날도 복된 존재로 살아갈 수 있는 것입니다.

제2장

택한 백성을
보호하시는 하나님

창세기 12장 10-20절

하나님의 부르심과 인도하심으로 아브라함은 가나안 땅에 도착
했습니다. 그런데 거기서 그는 기근이라는 예상치 못한 어려움을
당했습니다. 별다른 문제의식 없이 기근을 피해 그는 애굽으로
내려갔습니다. 당대에 아브라함이 애굽으로 이주하는 것은 가나
안으로 지경을 옮길 때와 같이 매우 위험한 일이었습니다.

아브라함은 갈대아 우르를 떠난 이후로 항상 주변의 위험을
경계했습니다. 애굽으로 내려갈 때도, 아브라함은 그곳 사람들이
자기를 죽일지 모른다는 걱정을 했습니다. 그의 아내 사래가 아
름다워서, 애굽 사람들이 그녀를 빼앗기 위해 얼마든지 자기를
살해할 수 있다고 판단한 것입니다. 그래서 사래에게 아내가 아
니라 누이인 것처럼 해 달라는 부탁을 한 후 애굽으로 내려갔습

니다.

　이런 이야기를 들으면 아브라함이 정말 이상한 사람이라는 생각이 들 수도 있을 것입니다. 아내는 빼앗기더라도 자신의 목숨을 구해야겠다는 사고를 우리 시대에 어떻게 이해할 수 있겠습니까? 그럼에도 불구하고 성경은 이런 당대의 모습을 적나라하게 보여줍니다. 사실 이 말씀을 통해 우리는 아브라함도 당대 문화의 영향력에서 자유로울 수 없었다는 사실을 알 수 있습니다.

　흥미롭게도 아브라함이 예상한대로 애굽 사람들이 사래의 아름다움을 알아봅니다. 곧바로 사래는 바로의 궁에 불려 들어갔습니다. 애굽 왕 바로가 사래를 자기 처로 삼고자 했던 것입니다. 아브라함은 사래를 자기 누이라고 속이고 바로에게 보내준 대가로 후한 환대를 받았습니다. 하지만 그 마음은 아마 지옥이었을 것입니다.

　'하나님의 명령을 따라 왔는데 이게 도대체 무슨 꼴인가?' 하는 자괴감이 들 수도 있었을 것입니다. 그런데 이 다급한 위기 상황에서 아브라함이 간구하지도 않았는데, 놀라운 기적이 일어났습니다. 하나님이 이 사건에 개입하신 것입니다.

　하나님은 사래의 일로 바로와 그 집에 재앙을 내리셨습니다. 그리고 바로에게 사래가 아브라함의 아내임을 알려 주셨습니다. 두려움에 사로잡힌 바로는 아브라함을 불러 책망하면서 사래를 돌려줍니다. 바로는 그를 해치지 않았고, 그의 아내와 모든 소유들을 다 보내 줍니다. 이 사건이 우리에게 주는 교훈들이 있습니다.

1. 초신자 아브라함

본문에 나타난 아브라함의 모습은 신앙생활을 처음 시작하는 사람의 모습과 유사점이 많습니다. 그는 하나님의 부르심을 받아 가나안에 들어온 지 얼마 되지 않았고, 이제 겨우 그 이름을 부를 정도의 신앙이 있을 뿐이었습니다.

"여호와의 이름을 부르더니"(8절)

그는 신앙적으로 어린아이와 같은 상태였습니다.

삶에 문제가 생기자 그는 곧 육신적으로 판단하고 행동했습니다. 기근이 발생했으니 별 생각 없이 약속의 땅을 떠난 것입니다. 사실 아브라함은 그 땅을 떠나는 일을 매우 신중하게 결정했어야 합니다. 그 땅은 하나님이 약속하신 곳이었기 때문입니다.

"내가 이 땅을 네 자손에게 주리라 하신지라"(7절)

하나님께서는 당신이 '보여주실 땅'으로 가면 아브라함에게 복을 주신다고 분명히 약속하셨습니다. 그리고 가나안이 바로 그 땅이었습니다.

아브라함은 이런 하나님의 약속을 붙잡고 기다리면서 하나님의 뜻을 구해야 했습니다. 비록 기근이 심하다 할지라도 그 땅에서 복을 주신다는 약속을 붙잡고 거기에 머물러야 했습니다. 아니 하나님의 지시가 있을 때까지 인내해야 했습니다. 하지만 아브라함은 이런 문제를 심각하게 고민하지 않았습니다. 그는 매우 단순하게 육신의 필요를 따라 반응했습니다. 여기서 우리는 아직 아브라함이 하나님과 그 약속에 큰 의미를 부여하지 않고 있었음을 알 수 있습니다.

아브라함은 애굽에서도 인간적인 방법으로 모든 문제를 해결하려고 합니다. 즉 목숨을 지키기 위해 거짓이나 속임수도 서슴지 않는 것입니다. 그는 이 일로 인해 애굽 왕 바로에게 아내를 빼앗깁니다. 하지만 이때까지도 그는 하나님께 도와달라는 간구조차 할 줄을 몰랐습니다. 정말 초신자들의 모습과 비슷하지 않습니까?

2.아브라함을 인도하시는 하나님

(1)하나님은 아브라함을 꾸짖지 않으셨습니다.

아브라함이 사래를 빼앗긴 사건에 대하여 그가 하나님의 말씀에 불순종함으로 인해 일어난 징계로 해석하는 분들이 있습니다. 물론 이런 주장들도 나름대로 의미가 있을 것입니다. 이런 주장들을 통해 은혜를 받는다 해도 전혀 문제는 없습니다. 하지만 본문을 자세히 살펴보면 다른 측면에서 우리는 더 놀라게 됩니다. 그것은 하나님이 이런 아브라함의 행동들을 전혀 책망하지 않으셨다는 사실입니다.

우리가 보기에 아브라함의 행동들은 책망을 받아 마땅합니다. 하지만 하나님은 그를 꾸짖거나 나무라지 않으셨습니다. 도리어 아브라함을 도와주셨습니다. 아브라함은 하나님의 약속을 굳게 믿는 견고한 신자의 모습을 보여주지 못했습니다. 그럼에도 불구하고 하나님은 그를 책망하지 않으셨습니다.

이 사건은 우리에게 귀한 사실을 알려줍니다.

그것은 하나님이 영적 발걸음을 처음 내딛는 아브라함의 상황을 이해하셨다는 것입니다. 그가 이제 겨우 하나님을 알아가는 상황임을 충분히 고려하셨다는 것입니다. 결국 본문은 아브라함에 대한 하나님의 징계 사건이라기보다 도리어 하나님이 그에게 은혜를 베풀어 주신 사건이라고 이해하는 것이 더 적절해 보입니다.

아브라함 때에 타 지역을 여행하는 사람들이 아브라함과 같은 어려운 일들을 당하는 것은 매우 흔한 일이었지만, 하나님은 크신 은혜로 아브라함과 사래 그리고 그의 온 가족들을 지켜 주셨던 것입니다.

(2)하나님은 사래를 보호하셨습니다.

하나님께서는 바로와 그의 집에 큰 재앙을 내리심으로 사래를 보호하셨습니다. 그리고 바로에게 사래가 아브라함의 처인 것을 알게 하셨습니다. 바로는 두려움에 싸여 사래를 아브라함에게 돌려보내야 했습니다. 그 나라 백성들을 지키시기 위해 하나님이 직접 비상조치를 취하신 것입니다. 아브라함에게 큰 민족을 이루게 하겠노라 약속하신 하나님의 약속에는 사래도 포함이 되어 있었습니다.

"네 아내 사래는 이름을 사래라 하지 말고 사라라 하라. 내가
그에게 복을 주어 그가 네게 아들을 낳아 주게 하며 내가 그
에게 복을 주어 여러 민족의 어머니가 되게 하리니 민족의
여러 왕이 그에게서 나리라"(17:15-16)

이 말씀은 우리에게 하나님이 이루실 그 나라의 일들을 위해 사래를 지키시고 보호하셨다는 사실을 확실하게 깨닫게 해 줍니다.

3. 아브라함의 반응

바로가 사래를 데려간 후, 아브라함은 자기 아내를 다시는 만나지 못하리라고 생각했을 것입니다. 그는 가족을 이끌고 애굽에 내려온 일들에 대해 크게 후회하며 마음 깊이 고통을 당했을 것입니다. 그런데 바로 그 때 사래가 무사히 돌아온 것입니다. 성경에 분명하게 기록은 되어 있지 않지만, 바로가 하는 말을 통해 우리는 하나님이 그에게 준 충격이 대단했음을 알 수 있습니다.

"네가 어찌하여 나에게 이렇게 행하였느냐 네가 어찌하여 그
를 네 아내라고 내게 말하지 아니하였느냐? 네가 어찌 그를

누이라 하여 내가 그를 데려다가 아내를 삼게 하였느냐 네
아내가 여기 있으니 이제 데려가라"(12:18-20)

연속되는 "어찌하여?"라는 물음 속에 바로의 당황한 모습이 역
력히 드러납니다. 그의 당황한 모습을 보며 아브라함이 무슨 생
각을 했을까요?

"도대체 하나님이 애굽 왕에게 어떻게 하셨기에 이토록 당황
하며 두려워서 사래를 내게 돌려보내는 거지?"하지 않았을까요?

아브라함으로서는 이해 할 수 없는 일이었을 겁니다. 다만 어
안이 벙벙했을 것입니다. 그럼에도 불구하고 그의 심령 가운데
깨달아진 사실들이 있었습니다. 자신을 인도하고 계신 하나님이
애굽 왕 바로까지도 쩔쩔매게 만드시는 전능자시라는 것과, 자기
를 부르신 하나님이 '보여 주신 땅'으로 다시 돌아가야 한다는 사
실입니다. 그는 즉시 애굽을 떠나 가나안으로 올라갔습니다.

"그가 네게브에서부터 길을 떠나 벧엘에 이르며 벧엘과 아이
사이 곧 전에 장막 쳤던 곳에 이르니 그가 처음으로 제단을
쌓은 곳이라"(13:3)

마침내 애굽에서 올라온 아브라함은 하나님이 자신을 통해 나
라를 세우시겠노라고 약속하신 곳에 도착합니다.

4. 우리에게 주는 교훈들

(1)우리도 아브라함처럼 신앙이 성장해야 합니다.

하나님은 아브라함을 오래 참으셨습니다.

그의 어리석은 행동들을 아시면서도 책망하시기보다는 그 실패를 통해 배우게 하셨습니다. 하나님은 우리가 신앙이 어리고 잘 몰라서 행하는 일들에 대해 인내하며 기다리십니다. 이것이 하나님의 놀라운 은혜입니다. 그러나 우리가 신앙이 자라서 하나님과 그 계명을 알게 되면, 하나님이 그에 합당한 신앙인으로서의 자세를 요구하신다는 사실도 잊지 말아야 합니다.

우리는 하나님의 오래 참으심을 육신의 기회로 삼아서는 안 됩니다. 하나님에 대해 배우고 깨달은 만큼 아브라함처럼 신앙적 반응을 보일 줄 아는 데까지 자라야 합니다.

(2)우리도 위대하신 하나님을 더 의지합시다.

아브라함이 애굽에 내려가서 배우게 된 것은 하나님의 위대하심이었습니다. 그는 애굽에서 모든 것을 빼앗겼습니다. 바로는 당대 세계 최강의 절대군주였습니다. 바로는 아브라함의 힘으로 어찌해 볼 수 있는 대상이 아니었습니다. 그런데 이렇게 힘센 바로를 하나님은 꼼짝 못하게 하셨습니다. 그를 아무 것도 아닌 것처럼 다루셨습니다. 하나님은 정말 위대하신 전능자이십니다.

아무리 엄청난 권력자도 하나님이 마음대로 다스리십니다.

아무리 엄청난 대자연도 하나님이 마음대로 다스리십니다.

강을 가르십니다.

풍랑을 잔잔케 하십니다.

죽음의 권세를 정복하십니다.

세상의 권력자들의 무릎을 꿇게 하십니다.

우리가 살 길은 오직 하나님을 의지하는 데 있습니다.

우리 민족의 주변을 감싸고 있는 열강들의 모습들이 심상치 않습니다. 동아시아 지역의 정세가 요동치고 있습니다. 센카쿠 열도를 사이에 두고 중일 간에 긴장이 예사롭지 않습니다. 일본은 중학교 교과서에 독도가 자신들의 영토라는 기술을 하고 계속 우리를 향해 도발을 하고 있습니다. 북한은 핵을 개발했고, 벌써 여러 차례 핵실험을 감행했습니다.

우리 주변이 평화로웠던 시간들은 그리 길지 않았습니다.

우리는 불과 수십 년 전에도 세계적인 전쟁을 경험했습니다. 2차 세계대전과 한국전쟁 그리고 베트남 전쟁 등, 각종 전쟁이 있었습니다. 지금도 테러와의 전쟁이 진행 중입니다. 우리의 지혜와 능력만으로 결코 이 모든 상황을 조절하고 관리할 수 없습니다. 그러므로 우리는 모두 겸비해야 합니다. 하나님만이 모든 것 위에 계십니다. 모든 권세들을 원하시는 대로 다스리십니다. 그러므로 우리는 하나님 앞에 엎드려야 합니다. 겸비한 마음으로 그 은혜를 구해야 합니다. 우리를 불러 그 나라를 세우게 하시는 하나님의 은혜로 이 동아시아 지역에 평화가 더욱 영구적으로 깃들게 되는 은혜가 임해야 하겠습니다.

(3)주의 약속 위에 항상 섭시다.

만일 그 나라를 세우는 주체가 아브라함이었다고 한다면, 애굽에서 그의 모든 계획은 수포로 돌아갔을 겁니다. 그가 무슨 일을 할 수 있었겠습니까? 그러나 하나님은 연약한 인생이 아니셨습니다. 하나님은 약속하시고 이루시는 분입니다. 하나님은 당신께서 세우신 계획대로 아브라함의 길을 인도하셨습니다.

아브라함의 어리석은 행동에도 불구하고 하나님의 뜻은 좌절되지 않았습니다. 하나님은 변함없이 그를 보호하시며 그 뜻을 이루셨습니다. 우리는 하나님의 약속을 믿고 의지해야 합니다. 하나님이 그 나라를 세우실 것을 약속하셨습니다. 그러므로 우리는 지금도 여전히 하나님의 나라가 완성될 날을 향하여 이 시대와 역사가 전진하고 있다는 사실을 잊지 말아야 합니다.

하나님이 위대하심을 알았다면, 이제 우리도 아브라함처럼 행동해야 합니다.

우리가 지금 서 있는 자리는 어디입니까?

과연 하나님의 약속의 터 위에 서 있습니까?

우리는 그 약속이 있는 자리로 항상 돌아가야 합니다. 아브라함처럼 하나님의 약속과 상관없는 자리를 향해 제멋대로 나아가서는 안 됩니다.

기도도 안 해 보고, 내 생각과 판단대로 세상과 타협해선 안 됩니다.

말씀의 교훈도 살펴보지 않고, 아무 일이나 해서는 안 됩니다.

서원을 하면 지켜야 합니다.

자신의 삶이 하나님이 세우실 그 나라의 영광을 위한 것인지 판단해 보고 학교를 정하고, 미래 사업을 계획해야 합니다.

하나님은 오늘도 당신의 택한 백성을 지키시고 인도하십니다. 그 은혜를 잊지 말고 위대하신 하나님께로 나아가십시오. 그의 약속이 변치 않음을 믿고 끝까지 약속 가운데 거하십시오. 그것이 성도가 날마다 승리하는 삶을 사는 길입니다.

설교작성에 있어서 7가지 인물 설교 요점 적용

#1. 구속사적, 그리스도 중심적 해석

본문을 설교할 때에 아브라함이 애굽으로 내려간 행동에 초점을 맞추는 경우들이 많습니다. 즉 그가 하나님께 묻지도 않고 애굽으로 내려가는 잘못된 행동을 했기 때문에 아내를 빼앗길 위기에 처하게 되었다고 본문을 해석하는 것입니다.

그런데 이런 해석은 구속사 전체의 흐름에서 내용을 파악하기보다 개개의 내러티브가 지닌 단순한 교훈에만 집중함으로, 자칫 성경 전체의 내러티브가 전하고자 하는 매우 중요한 내용들을 놓치게 할 위험성이 있습니다. 사실 본문에서 더욱 중요하게 생각해야 할 부분들은 하나님께서 아브라함과 사래를 통해 세우실 하나님 나라의 역사가 당대 최고의 권력을 지닌 바로라는 인물로 인해 무너질 위기 상황에서 하나님이 행하신 긴급조치에 관한 것이어야 합니다. 하나님 나라를 세워나가시는 전 과정과 본문을 연관시키지 않고 개개의 이야기들을 해석하는 일은 항상 조심해야 할 것입니다.

#2. 하나님에 대한 반응이라는 관점에서 인물의 행위 해석

자신의 아내를 바로의 손에서 구해 주신 이 은혜로운 사건을 통해 아브라함은 하나님이 약속에 신실하신 분이심을 알게 됩니다. 그 후에 아브라함이 즉시 행한 일은 바로 약속의 땅으로 다시 올라가는 것이었습니다. 여기서 우리는 하나님을 향한 신자의 믿음의 반응이 무엇이어야 하는지를 알 수 있습니다. 아브라함은 하나님의 약속에 대한 철저한 믿음을 갖게 된 것입니다. 필자는 본 설교에서 이 점에 주목했습니다.

#3. 내러티브 본문에 대한 정당한 해석

아브라함의 내러티브를 구속사의 틀 안에서 새롭게 보려고 했습니다. 구속사 전체에서 아브라함 사건이 차지하고 있는 위치에 대한 이해로부터 본문을 자연스럽게 풀어나가는 것이야 말로 설교자나 성경을 공부하는 이들에게 가장 중요한 일입니다.

#4. 효과적인 본문의 제시

설교의 서론 부분에 본문에서 다루고 있는 사건이 무엇인지를 자세히 밝히고자 했습니다. 설교에서 본문이 무엇을 말하고 있는지를 자세히 살펴 청중에게 알려 주는 것은 매우 중요합니다. 사실 설교자들이 본문에 대해 주의 깊은 관찰만 해도 성경적인 설교를 더욱 잘 하게 될 것입니다. 본문을 곡해하거나 본문이 말하지 않은 내용들을 집어넣어서 자기 입맛에 맞는 대로 설교하면 안 됩니다. 설교자들은 항상 본문 자체를 열심히 묵상하고 본문이 말하고자 하는 것을 전해야 합니다.

#5. 인물의 전기가 되지 않도록 경계

아브라함의 윤리적 행동에 초점을 맞추게 되면, 하나님은 항상 아브라함이 저지른 일의 뒤나 봐 주시는 분으로 밖에 보이지 않을 것입니다. 하지만 본문의 주인공은 언제나 하나님이십니다. 그러므로 본문에서도 하나님이 중심적인 인물로 드러나시도록 성경을 해석해야 합니다.

#6. 초상황적 적용점 찾기

바로를 꼼짝 못하게 만드시고, 택하여 부르신 백성에게 주신 모든 약속을 지키시는 전능하신 하나님은 오늘도 우리 가운데 동일한 능력으로 나타나십니다. 이런 하나님을 의지해야 한다는 사실은 지금도 여전히 변하지 않는 진리입니다.

#7. 시대에 맞는 적실성 있는 적용

아브라함을 지키신 하나님은 오늘도 우리 민족을 지키실 수 있는 유일한 구원의 능력이십니다.

제3장

온전히 순종해야
온전한 복을 받는다

창세기 13장 1-18절

아브라함에게는 롯이라는 조카가 있었습니다.

아브라함과 롯은 사이가 좋은 숙질 지간이었음이 분명합니다. 그러기에 가나안까지 동행했을 것입니다. 자신들의 본토를 떠나 먼 타국까지 동행하였고, 어려움도 함께 겪었으니, 이들의 관계는 갈대아를 떠나기 이전보다 더 단단하게 결속이 되었을 것입니다.

이들은 모두 목축을 생활 수단으로 삼고 있었습니다. 그런데 애굽에서 올라온 후, 이로 인해 둘 사이에 문제가 발생합니다. 아브라함과 롯은 모두 많은 양과 소를 목축하고 있었고, 거느린 종들도 많았습니다. 하지만 아쉽게도 이들이 가축을 먹일 초장은 그리 넓지 않았습니다. 작은 초장에 이들뿐만 아니라 가나안 사람들과 브리스 사람들까지 함께 하다 보니 자주 다툼이 일어났습니다.

결국 아브라함은 이 문제를 풀기 위해 자신과 롯의 거주지를 나누기로 결심을 합니다. 이런 아브라함의 뜻을 롯도 따를 수밖에 없었습니다. 더 이상 그 지역에 함께 머물 처지가 아님을 그도 잘 알았기 때문입니다. 아브라함은 롯이 먼저 자신의 거주지를 택하도록 했고, 롯은 소돔과 고모라 지역을 택해 그곳으로 떠났습니다. 그리고 그 후에 하나님께서 아브라함에게 나타나셨습니다. 하나님은 그에게 동서남북을 바라보라고 하신 후, 하나님 나라(아브라함을 통해 이루실 나라)에 대한 약속을 재확인해 주셨습니다.

〈본문의 의미〉

1. 실패한 아브라함의 생각

여러 설교자들이 이 본문에서 조카에게 먼저 가축 먹일 땅을 고르게 한 아브라함의 넉넉한 배려심에 주목을 합니다. 아브라함이 롯에게 먼저 거주할 곳을 고르게 한 것은 그가 선한 마음을 가진 사람이었기 때문이고, 또한 모든 것을 하나님께 맡기는 믿음을 가진 사람이었기 때문이라는 것입니다.

결국 아브라함은 복된 성품을 지닌 반면에 조카 롯은 탐욕스럽고, 육신적인 사람이었기에 눈에 보기 좋은 대로 소돔과 고모라 땅을 선택했다는 것입니다. 롯이 육신의 요구에 따라 선택한 소돔과 고모라는 하나님 앞에 악한 성이었고, 그 결과 롯은 거기서 어려움을 겪게 되었다는 것입니다.

그런데 이런 설교들에는 해석상의 문제점들이 많습니다.

아브라함이 조카 롯에서 먼저 선택권을 준 것이 정말 배려심이 많아서였을까요? 롯의 목자들과 자기 목자들 간에 자주 발생하는 다툼으로 인해 화가 나서 빨리 헤어지고 싶은 마음 때문은 아니었을까요? 도대체 누가 이런 사실에 대해 정확히 알 수 있겠습니까?

설교자들이 이렇게 해석을 하는 이유는 아브라함이 좋은 사람이라는 선입견을 가지고 있기 때문이 아닐까요? 이런 선입견을 가지면 아브라함이 한 행동들은 무조건 좋은 의도로 해석이 되기 쉽습니다.

그러나 아브라함의 삶을 자세히 점검해 보면 그가 과연 그토록 배려심이 많은 인물인지에 대해 의구심을 갖게 됩니다. 왜냐하면 자기가 위험할까봐 아내 사래도 누이라 하고 바로에게 보내버렸던 인물이 아닙니까? 그런 그가 조카를 배려하는 마음으로 모든 것을 결정했다고 확신할 수 있을까요?

이런 해석들이 내포하고 있는 가장 큰 문제점은 아브라함을 주인공으로 만든다는 것입니다. 앞서 지적한 바대로 아브라함을 통해 그 나라를 세우시는 주인공은 하나님이십니다. 그러므로 본문에서 중요하게 다루어져야 할 대상은 하나님이셔야만 합니다. 본문의 목적은 아브라함의 선한 마음 자세를 보여주는 데 있지 않습니다. 아브라함의 행동에는 많은 문제가 있었습니다. 그가 조카 롯을 데리고 다닌 것 자체가 하나님의 뜻을 어긴 것이었습니다.

하나님께서는 분명히 너희 "고향과 친척 아버지의 집을 떠나"라고 하셨습니다. 하지만 아브라함은 이런 하나님의 명령에도 불구하고 자신의 조카인 롯을 데리고 여기까지 온 것입니다. 결국 조카 롯은 하나님의 뜻을 온전히 따르지 못하고 불순종하는 아브라함의 삶의 한 단면을 보여 주는 것이었습니다. 이곳까지 오는 과정에서 그가 하나님의 뜻을 일부 따르기도 했지만, 여전히 조카 롯과 동행하므로 친척을 떠나라 하신 명령에는 복종하지 못하고 있었던 것입니다. 그는 롯과 함께하는 것이 타국 생활에 도움이 된다고 생각했을 것입니다.

본문은 바로 이런 그의 생각이 실패로 끝났음을 보여 줍니다. 그의 인간적인 생각은 서로 간에 갈등과 상처를 주는 상황을 초래하고 말았습니다. 그리고 마침내 더 이상 함께 할 수 없는 한계 상황에서 서로 헤어질 수밖에 없었던 것입니다.

2. 당신의 뜻대로 이루시는 하나님

하나님께서는 아브라함에게 고향과 친척 그리고 아버지의 집을 떠나라고 하셨습니다. 하지만 아브라함은 하나님의 뜻을 온전히 따르지 않고 있었습니다. 인간적인 생각과 의지대로 그는 행동했습니다. 그러나 결국 그의 행동들은 실패로 돌아갔습니다. 그리고 모든 일은 처음 하나님께서 말씀하신 대로 바로잡혔습니다. 여기서 우리는 하나님의 나라를 세워 나가시는 과정에서 하나님은 반드시 당신이 뜻하신 대로 모든 일을 이루신다는 것을 깨닫게 됩니다.

〈본문의 교훈〉

1. 오직 하나님의 뜻에 온전히 순종하십시요.

우리는 항상 겸손해야 합니다.

신앙생활에서 가장 위험한 것은 교만입니다. 교만하면 하나님의 뜻을 발견할 수도, 순종할 수도 없습니다. 아브라함은 조카 롯과 동행하는 것이 위험한 여행길에 의지와 힘이 될 것이라고 생각했을 것입니다. 그러나 이것은 자기 생각에 불과했습니다. 그의 생각은 양자 간의 갈등과 분란의 원인이 되고 말았습니다.

하나님의 뜻을 거스르고 자기 마음대로 행하고자 하는 것이 교만입니다. 그리고 교만은 늘 위험합니다. 우리는 언제나 하나님의 뜻에 순종하는 것이 가장 좋다는 사실을 기억해야 합니다. 항상 겸손하게 하나님의 말씀을 따르기를 힘씁시다.

2. 온전히 순종해야 온전한 복을 받습니다.

하나님께서는 아브라함이 조카 롯과 결별한 후에 다시 그에게 나타나셨습니다.

"롯이 아브람을 떠난 후에 여호와께서 아브람에게 이르시되..."

롯이 떠난 후에 비로소 하나님께서는 이전에 아브라함에게 해 주셨던 말씀을 재확인해 주셨습니다.

"너는 눈을 들어 너 있는 곳에서 북쪽과 남쪽 그리고 동쪽과 서쪽을 바라보라 보이는 땅을 내가 너와 네 자손에게 주리니 영원히 이르리라. 내가 네 자손이 땅의 티끌 같게 하리니 사람이 땅의 티끌을 능히 셀 수 있을진대 네 자손도 세리라..."

(창 13:14-16)

아브라함에게 고향과 친척과 아버지의 집을 떠나면 주시겠노라 약속하신 것들을 다시 각인시켜 주신 것입니다. 여기서 우리는 롯이 아브라함의 곁을 떠나가는 것과 이 축복이 매우 깊이 연관되어 있음을 알아야 합니다. 아브라함은 자기 조카와 동행하는 것이 그리 큰 문제라고 생각하지 못했지만, 이런 작은 불순종이 그의 인생길에 축복이 오는 통로를 막고 있었던 것입니다. 혹시 우리도 아브라함처럼 이 정도 쯤이야 하면서 별 의식 없이 불순종 하고 있는 일들은 없는지 살필 줄 알아야 합니다.

'누구나 그럴 수 있는 거지 뭐!'
'기독교인이라도 이 정도는 다 하는 것 아닌가?'
'적당히 타협해도 하나님은 크게 문제 삼지 않으실 거야!'
'다른 사람들도 다 그래!'

이런 생각들이 당장에는 큰 문제를 일으키지 않을 수도 있습니다. 하지만 이런 생각들로 인해 우리가 누릴 축복들을 누리지 못하고 있는 것일지 모른다는 사실을 기억해야 합니다.

아브라함이 나름대로 한 생각과 판단은 결국 롯의 목자들과의 사이에 다툼과 분쟁을 초래하는 원인이 될 뿐이었습니다. 그의 불순종은 단순히 복이 오는 길만 막은 것이 아니었습니다. 그의 삶에 실제적인 문제들을 초래했습니다.

좋은 의도로 일하는 것 같은데 자꾸 상황이 꼬이고 문제가 생긴다면, 삶에서 아무 것도 아닌 것으로 여겨 쉽게 범해 온 작은 불순종들은 없는지 살필 줄 아는 지혜를 가져야 합니다. 하나님이 뜻하시는 바를 온전히 순종하지 못함으로 축복의 길이 막히고 어려운 일들이 임할 수 있음을 항상 기억하십시오.

3. 은혜에 진심으로 감사해야 합니다.

하나님이 아브라함을 불러 그 나라를 세우는 일에 동참시켜 주신 것은 오직 은혜였습니다. 아브라함이나 그의 조카 롯은 별 차이가 없는 사람들입니다. 그러나 하나님께서는 롯이 아니라 아브라함을 택하여 부르셨습니다. 그리고 그에게 놀라운 복을 약속하셨습니다.

아브라함에게 롯보다 특별히 나은 점이 있었기 때문에 축복의 주인공이 된 것으로 생각하는 것은 성경적 근거를 찾기가 쉽지 않습니다. 성경에는 도리어 성품이나 도덕적 측면에서 그들 사이에 큰 차이점이 없었음을 보여주는 몇몇 기록들이 나올 뿐입니다. 우선 성경은 롯이 당대인들보다 훨씬 더 도덕적인 인물이었음을 증언합니다. 그의 인물됨은 소돔과 고모라에서 자신의 집을 찾아온 손님들을 희생을 감수하면서까지 보호하려고 했던 행동 속에 잘 나타납니다. 즉 도덕적인 면에서 롯의 성품이 아브라함만큼 온전치 못했다는 식으로 말하는 것은 성경의 증언들을 살펴볼 때 신뢰하기 어렵습니다.

롯은 소돔 사람들과 확연히 구분되는 거룩한 삶을 살고 있었습니다. 그러므로 롯이 죄악의 땅을 좋아해서 그곳을 선택한 것이었다고 해석하는 것은 부적절합니다. 그는 단지 소돔과 고모라 땅이 목축하기에 좋은 조건을 가지고 있었기에 그곳을 택했던 것임이 분명합니다. 사실 당대 세계 어느 곳인들 하나님의 백성들이 머물만한 곳들이 있었겠습니까? 그러므로 아브라함과 롯은 도덕적인 면에서 크게 다를 바가 없는 사람들이었다고 보는 것이 자연스러운 것입니다. 그런데 하나님은 이들 중에 아브라함을 택하여 그 나라를 세우는 일에 쓰시기로 하신 것이고, 그것은 하나님의 전적 은혜라고 말할 수밖에 없는 것입니다.

우리의 구원도 마찬가지입니다.

우리는 스스로의 뛰어남이나 의로움 때문에 구원받는 것이 아닙니다. 우리는 모두 멸망 받아 마땅한 죄인들에 불과합니다. 그런데 하나님이 우리를 긍휼히 여기신 것입니다. 그러므로 신자의 삶에는 항상 감사가 있어야 합니다. 도대체 우리를 선택하신 특별한 이유가 없기 때문입니다. 우리를 택하신 것은 전적인 하나님의 은혜입니다. 전적인 하나님의 자비와 긍휼입니다.

우리는 큰 은혜를 받은 사람들이기에 항상 감사하며 살아야 합니다. 또한 하나님의 뜻에 온전히 순종하기를 기뻐해야 합니다. 그것이 신자의 마땅한 삶이고, 신자의 삶을 가장 복되게 하는 길입니다. 이 삶의 길을 떠나지 않는 성도들이 되어야 하겠습니다.

설교작성에 있어서 7가지 인물 설교 요점 적용

#1. 구속사적, 그리스도 중심적 해석

본문을 조카 롯에게 먼저 선택권을 준 아브라함의 넉넉한 성품에 초점을 맞춰 해석한 설교들이 많습니다. 하지만 본문의 관심은 아브라함의 개인적 성품의 뛰어남을 드러내는 데 있지 않습니다. 본문의 주요 관심은 아브라함과 함께 약속하신 나라를 세워 나가시는 과정에서 온전히 순종치 못한 아브라함의 행위로 인해 발생한 문제들을 당신의 뜻대로 바로 잡아가시는 하나님의 위대하심과 신실하심에 있습니다.

#2. 하나님에 대한 반응이라는 관점에서 인물의 행위 해석

아브라함이 조카 롯과 소유물을 나누고 결별하는 것은 인간적으로는 가슴 아픈 일일 수도 있습니다. 하지만 이렇게 행하는 것만이 하나님이 명령하신대로 순종하는 것이었습니다. 그는 자신의 삶의 문제들을 통해 하나님의 명하신 일을 온전히 행하는 것이 얼마나 중요한지를 깨달아야 했습니다.

#3. 내러티브 본문에 대한 정당한 해석

아브라함 이야기를 단순히 도덕적인 교훈을 주는 것으로 해석하는 일을 경계해야 본문의 온전한 의미들을 찾아낼 수 있습니다. 아브라함은 도덕적이었기에 복을 받았고 롯은 그렇지 못했기에 복을 받지 못했다는 식의 사고는 본문이 속해 있는 전체 내러티브의 관점을 제대로 반영하지 못합니다.

#4. 효과적인 본문의 제시

본문의 이야기는 아브라함을 부르시는 처음 장면으로부터 연속되는 것입니다. 설교자가 전체적인 이야기의 흐름을 놓치지 않아야 본문을 올바로 이해하고 전달할 수 있습니다. 각각의 이야기들을 개별적인 것으로 인식하게 되면 본문에 대한 바른 이해가 어려워집니다.

#5. 인물의 전기가 되지 않도록 경계

본문이 아브라함이나 롯의 성품을 알려주고 그들을 닮아야 한다는 사실을 교훈하는 말씀인 것처럼 생각해서는 안 됩니다. 본문은 아브라함에게 약속을 주시고 여러 상황들 속에서도 그것을 이루어가지는 하나님의 위대하심을 드러내는 것이 중심입니다.

#6. 초상황적 적용점 찾기

아브라함이 부르심을 받은 것은 그와 롯 사이에 특별한 도덕적 차이점이 있었기 때문이 아니라, 단지 하나님의 은혜로 말미암음 입니다. 이런 사실은 오늘도 마찬가지입니다. 우리가 받은 부르심도 오직 은혜로 된 것입니다. 이것은 언제든 변하지 않는 진리입니다.

#7. 시대에 맞는 적실성 있는 적용

받은 은혜가 크고 놀랍다는 사실을 알고 주께 감사하는 자세로 우리에게 맡겨진 하나님 나라 건설의 일에 동참해야 합니다. 시대가 변해도 이런 명제는 변하지 않고 우리 삶의 모든 현장에 적용이 될 수 있습니다. 무엇보다 감사를 잃어가는 시대에 구원받은 은혜에 감사할 줄 아는 자세를 심는 것이 중요합니다.

제4장

우리의 대적!
하나님이 이기게 하신다!

창세기 14장 1-24절

아브라함 때에 엘람 왕인 그돌라오멜은 중동 지역의 강자였습
니다. 그는 사해 부근의 5개성인 소돔과 고모라 그리고 아드마와
스보임 그리고 소알로부터 조공을 받을 만큼 강한 나라를 건설
했습니다. 그런데 약 12년간이나 그돌라오멜에게 조공을 바치던
사해 지역 다섯 성이 반기를 들고 조공을 바치지 않기로 결의를
했다는 소식이 들려왔습니다. 화가 난 그돌라오멜은 시날과 엘라
살 그리고 고임의 왕들과 연합하여, 그 다섯 성을 치러 왔습니다.
그돌라오멜과 연합군은 가나안 전 지역을 공격의 대상으로 삼았
는데, 르바 족속과 수스 족속, 엠 족속, 호리 족속, 아말렉 족속,
아모리 족속이 그 희생 제물이 되었습니다.

사해의 다섯 성들은 연합군을 구성하여 싯딤 골짜기에서 이들과 전투를 벌였습니다. 하지만 그돌라오멜과 그 연합군에게 패배한 후 모두 도망하고 말았습니다. 그돌라오멜과 연합군들은 점령지의 모든 재물과 양식을 탈취했고, 그곳의 많은 거주민들을 노예로 사로잡았습니다. 안타까운 일은 그 잡혀간 자들 중에 아브라함의 조카인 롯도 포함되었다는 것입니다.

아브라함은 그 전쟁에서 구사일생으로 살아남은 자를 통하여 이 사실을 알게 되었습니다. 아브라함은 즉시 자신의 집에서 기르고 훈련시킨 318명의 사병을 거느리고, 롯을 구하러 그돌라오멜의 뒤를 쫓았습니다. 아브라함이 싸우러 갈 때에 아넬과 에스골 그리고 마므레는 아브라함과 함께 했습니다.(24절) 이들은 모두 형제지간으로 당시 아브라함은 그들의 지역에 같이 거주하고 있었습니다.(13절) 그들은 단까지 그돌라오멜의 뒤를 따라가서, 밤에 급습을 했습니다. 이 전투에서 아브라함은 롯과 그 온 가족들을 무사히 구출해 냅니다. 그리고 그들에게 탈취 당했던 재물들까지 다시 빼앗을 수 있었습니다. 모두가 놀랄만한 대승을 거둔 것입니다. 승전한 아브라함은 당당하게 소돔으로 귀환했습니다.

아브라함의 승전은 충격적인 사건이었음이 분명합니다. 왜냐하면 그 소식이 즉시 사해 지역의 모든 왕들에게까지 전해졌기 때문입니다. 소돔 왕이 직접 왕의 골짜기까지 나와서 아브라함을 영접합니다. 아브라함은 개선장군처럼 환영을 받았습니다.

그 때, 살렘 왕이며 제사장인 멜기세덱도 떡과 포도주를 가지고 나와 아브라함을 영접하고 축복하며 극진히 환대해 주었습니다. 흥미로운 사실은 아브라함이 자신이 가져온 전리품들 중 십분의 일을 멜기세덱에게 바쳤다는 것과, 전쟁에 참전한 젊은이들의 먹을 것과 자신과 동행한 아넬과 마므레의 분깃을 제한 것 외에 자신은 아무 것도 취하지 않았다는 점입니다. 개선장군이 가장 많은 전리품을 취하는 것이 당연할 것입니다. 그런데 아브라함은 그렇게 하지를 않았습니다.

그의 행동에는 특별한 이유가 있었습니다.

1. 본문을 아브라함의 영웅적인 승전사로 읽어서는 안 됩니다.

표면적으로 볼 때 이 이야기는 정말 흥미진진합니다.

무엇보다 아브라함이란 인물이 정말 대단해 보입니다. 그돌라오멜이라는 당대의 두려운 정복자에게서 조카를 구해내기 위해 싸우러 나가는 그의 모습은 애굽에서 본 그의 모습과는 판이하게 다릅니다. 과연 두 인물이 같은 사람인지 조차 의심스러울 정도입니다.

애굽에서 아브라함은 혹시라도 자신의 목숨을 빼앗길까 두려워하여 아내 사래를 바로에게 내주었던 사람이었습니다. 그런데 그가 조카를 위하여 이렇게 큰 위험을 감수했다는 사실은 정말 놀랍습니다.

본문에는 그의 이런 드라마틱한 변화를 비롯해서 우리가 아브라함에게만 눈길을 빼앗길만한 요소들이 많이 들어 있습니다.

사실 전쟁터에서 목숨을 내 걸고 싸우는 남자들의 영웅담은 언제나 흥미롭고 주목을 끄는 소재입니다. 그러기에 우리 시대에도 여전히 많은 전쟁 영화들이나 소설들이 관객이나 독자들에게 사랑을 받는 것이 아니겠습니까?

당대 사람들도 승리한 개선 장군(?) 아브라함을 열렬히 환영했습니다. 그들도 아브라함의 영웅적인 모습에 그 눈길이 사로잡혀 있었음이 분명합니다. 그러기에 우리도 이 본문을 읽을 때에 아브라함만 주목하고 그의 영웅적인 삶만 부각시키기가 쉽습니다. 즉 우리는 그의 용기와 담대함 혹은 믿음과 가족 사랑을 닮아야 한다는 식으로 본문을 해석하는 것입니다.

하지만 이미 지적한 바와 같이 이렇게 성경을 해석하고 이해하는 것은 다른 위인전을 대하는 방식과 다를 바가 없습니다. 즉 이순신 장군이 임진왜란 때 명량해전에서 12척의 전함만을 가지고 수백 척의 일본 전함들을 상대로 승리한 사건을 통해 우리가 얻는 교훈과, 아브라함의 승리를 통해 얻는 교훈이 별다른 차이가 없다는 것입니다. 아니 도리어 우리 한국인들은 아무리 아브라함의 용기와 담대함이 굉장하다 해도, 이순신 장군의 모습에서 훨씬 더 깊은 감동을 느껴야 할 것입니다. 그러므로 이런 방식으로 성경을 읽으면 성경 자체만이 가지고 있는 고유한 의미를 파악하기가 어렵습니다. 그렇다면 본문을 우리는 어떻게 이해해야 할까요?

2. 본문은 하나님의 행하시는 일을 증언합니다.

(1)하나님은 약속대로 행하시는 분이십니다.

하나님께서는 아브라함을 부르실 때에 그를 통하여 "땅의 모든 족속이 복을 얻을 것이라"고 말씀해 주셨습니다.

지금 아브라함이 살고 있는 지역이 그돌라오멜로 인하여 어려움을 당하고 있었습니다. 이런 위기 상황에서 하나님은 약속하신 대로 아브라함으로 인하여 그 지역의 모든 사람들이 복을 누리게 하고 계신 것입니다.

아브라함으로 인해 그 지역 사람들은 잃은 것을 되찾을 수 있었습니다. 이것은 하나님이 약속을 이행하신 것입니다. 즉 이 사건의 중심은 아브라함의 영웅적인 행동들이 아니라 아브라함을 이곳까지 인도해 오신 하나님이 얼마나 신실하게 약속을 지키고 계신가를 드러내는 데 있는 것입니다.

(2)아브라함의 승전의 영광은 하나님께 돌려져야 했습니다.

본문에 살렘 왕인 멜기세덱이 등장합니다. 히브리 기자는 그가 "의의 왕이요.......평강의 왕이요 아버지도 없고 어머니도 없고 족보도 없고 시작한 날도 없고 생명의 끝도 없어 하나님의 아들과 닮아서 항상 제사장으로 있는"(히 7:2-3) 특별한 존재라고 소개합니다. 여기서는 멜기세덱의 신비로움에 대해서는 다루지 않을 것입니다. 다만 그가 아브라함에게 한 말들을 중심적으로 생각하려고 합니다.

멜기세덱은 승전하고 돌아온 아브라함을 기쁘게 축복했습니다.

"천지의 주재이시오 지극히 높으신 하나님이여 아브람에게 복을 주옵소서."(19절)

그런데 그는 이 말에서 그치지 않고 다음과 같은 말을 덧붙였습니다.

"너희 대적을 네 손에 붙이신 지극히 높으신 하나님을 찬송할지로다."(20절)

전쟁에서 승리한 아브라함은 개선장군처럼 돌아와 마음이 크게 고무된 상태였을 것입니다. 그냥 싸움이 아니라 전쟁에서의 승리는 그 흥분이나 감동이 남달랐을 것입니다. 생사를 가르는 위험한 전투에서 살아남았고, 많은 전리품까지 취해 위풍당당하게 돌아왔으니, 그가 얼마나 의기양양해 지기 쉬웠겠습니까?

그런 상황에서 멜기세덱은 '아브라함의 승리는 하나님께서 허락해 주신 것이라'는 사실을 일깨워준 것입니다.

멜기세덱은 아브라함이 자기 힘으로 전쟁에서 승리한 것처럼 착각해서는 안 되며, 그 승리의 영광은 오직 하나님께 돌려져야 한다는 사실을 지적한 것입니다.

만일 아브라함이 교만한 사람이었다면 멜기세덱의 말을 들었을 때, 화를 낼 수도 있었을 것입니다. 교만한 사람이 한껏 승리의 기쁨에 도취되어 있을 때 이런 말을 듣는다면, 기분이 좋을 리가 없는 것입니다. 그러나 아브라함은 멜기세덱의 말을 듣는 순간, 자신이 그 전쟁에서 승전하고 살아 돌아오게 된 것은 결코 스스로의 힘이 아니었다는 것을 확실하게 깨달았던 것입니다.

3. 깨달음을 얻은 아브라함의 믿음의 반응

멜기세덱을 통해 그 사실을 깨닫게 된 아브라함은 즉시 다음과 같이 행합니다.

(1)멜기세덱에게 십일조를 드렸습니다.

이것은 자신의 모든 전리품이 하나님의 것임을 고백하는 구체적인 행동의 일환이었습니다.

여기서 우리는 성경에 나타난 첫 번째 십일조의 의미를 알게 됩니다. 십일조는 모든 것이 하나님의 은혜임을 고백하는 것입니다. 아브라함은 자신의 승전이 오직 하나님의 은혜임을 알고 십일조를 드림으로 그 사실을 외적으로 고백했습니다. 즉 오직 하나님이 영광을 받으시게 하기 위해 십일조를 드렸다는 것입니다. 이런 아브라함의 십일조는 우리들의 십일조를 돌아보게 합니다. 우리의 헌신들도 오직 하나님의 영광을 위한 것들이 되어야 마땅할 것입니다.

(2)그는 전리품을 전혀 취하지 않았습니다.

위험한 전쟁터에서 많은 전리품을 가지고 돌아온 개선장군은 마땅히 가장 많은 것을 취해야 한다는 생각이 일반적입니다. 그러나 아브라함은 멜기세덱의 말을 듣고 이 모든 것들을 자신이 취해서는 안 된다는 생각을 했습니다. 소돔 왕은 전리품은 아브라함이 취하고 사람들만 자신에게 돌리라고 했습니다. 소돔 왕은 아마 그것이 개선장군에 대한 예우라고 생각했을 것입니다. 그러나 아브라함은 소돔 왕에게 이런 대답을 합니다.

"천지의 주재이시오 지극히 높으신 하나님 여호와께 내가 손을 들어 맹세하노니 네 말이 내가 아브람으로 치부하게 하였다 할까 하여 네게 속한 것은 실 한 오라기나 들메끈 한 가닥도 내가 가지지 아니하리라."

아브라함은 먼저 하나님 앞에 맹세 하였습니다.

그는 자신의 행동이 하나님 앞에 드러나고 있음을 인식한 것입니다. 그는 전리품을 자신이 취하지 않는 이유에 대해 '소돔 왕이 아브라함을 부자로 만들었다는 이야기를 들을 수 없기 때문이라'고 분명히 말했습니다.

그렇다면 그는 왜 소돔 왕이 자신을 부자로 만들어주었다는 말을 듣고 싶어 하지 않았을까요? 그것은 앞서 살펴 본 바에 의해 분명해 집니다. 그는 자신의 승리가 오직 하나님으로 말미암은 것으로 모두에게 알려지기를 원했기 때문입니다. 그는 자신과 함께 참전한 다른 사람들에게는 각각 전리품을 받게 했습니다. 하지만 자신은 아무 것도 취하지 않았습니다. 그렇게 함으로 오직 하나님만이 이 전쟁의 모든 영광을 받으시기에 합당하신 분이심을 사람들에게 드러내려고 했던 것입니다.

4. 우리를 향한 본문의 교훈

(1)불안한 마음을 믿음으로 극복하십시오.

아브라함도 그돌라오멜과 그 동맹군이 두려웠을 것입니다.

하지만 아브라함은 그런 불안감을 믿음으로 극복했습니다. 그때에 놀라운 승리를 거둘 수 있었습니다. 이런 그의 믿음은 어디서 나왔을까요?

a. 과거의 경험

그는 하나님이 바로 왕 조차도 꼼짝 못하게 하시는 일을 경험했습니다. 아브라함은 그 경험을 근거로 믿음의 반응을 보였던 것입니다.

신앙생활을 잘 하려면, 과거에 하나님이 우리에게 어떤 일을 행하셨는지 생각하면서 항상 믿음의 반응을 보이기를 힘써야 합니다. 많은 신앙인들이 하나님의 크신 은혜를 경험했었노라고 간증하면서도, 그 경험을 바탕으로 현실의 신앙생활에서 승리하는 모습을 보여주지 못할 때가 있습니다. 이럴 때 우리는 아브라함에게서 교훈을 얻어야 합니다.

아브라함은 이전의 경험들을 통해 알게 된 하나님의 위대하심을 잊지 않았습니다. 그리고 자신이 처한 현실에 그 능력을 생생하게 적용했습니다. 바로조차 꼼짝 못하게 하신 하나님이 이들 정도는 넉넉히 이기실 것이라는 확신을 가진 것입니다. 우리도 이런 아브라함의 자세를 배워야 합니다. 주께서 주신 과거의 은혜로운 경험들이 오늘 우리의 삶에 구체적인 힘이 되도록 합시다.

b. 하나님의 약속에 대한 확신

아브라함의 믿음의 반응은 하나님이 자신을 복의 통로로 사용하신다는 약속에 대한 확신에서 나온 것입니다. 우리도 약속에 대한 강한 확신을 가질 때에 우리 안에서 자연스러운 믿음의 반응이 나타나게 될 것입니다. 믿음이 있다는 것은 그대로 산다는 것을 의미합니다. 우리가 믿음으로 반응하기를 주저하기에 많은 축복들을 놓치고 있다는 사실을 알고 계십니까? 그러므로 믿음으로 반응하십시오. 두려워하기보다 도리어 세상을 정복할 마음을 가지십시오.

주께서 반드시 우리를 승리자로 세우실 것입니다.

직장생활과 사업에서 승리자가 될 것입니다.

자신의 인격을 크게 세우는 일에 승리자가 될 것입니다.

모든 삶의 위기를 극복하는 위대한 승리자들이 될 것입니다.

(2) 큰 믿음을 가지십시오.

아브라함의 믿음은 나날이 성숙해졌습니다.

그는 하나님을 아는 만큼 반응할 줄 아는 신앙인이 되었습니다. 신앙이 자라지 못하는 신자들의 모습은 안타깝습니다. 오랜 세월 교회에 다녔지만 결국 남은 것은 후회뿐이라고 말하는 사람들도 있습니다. 신앙생활을 잘하지 못한 것입니다. 우리는 아브라함처럼 하나님을 알아가야 합니다. 그리고 하나님을 아는 만큼 믿음으로 반응할 줄 알아야 합니다.

인간적인 관계나 생각들을 떠나지 못하면 신앙은 잘 자라지 못합니다. 우리의 신앙생활은 하나님을 알아가는 것에 집중되어야 합니다. 하나님을 알고 하나님과 교제하며 그분의 은혜를 찬양하고 그분을 사랑하며 그 뜻을 이행하는 것이 신앙생활의 중심이어야 합니다. 그 때 신앙은 날마다 자랄 것입니다.

그러므로 창조주 하나님을 발견하기를 힘쓰십시오.

우리의 삶을 친히 섭리하시는 위대하신 하나님을 찾으십시오.

아들을 주시기까지 우리를 사랑하여 주신 그 하나님의 위대한 사랑을 깨닫기 바랍니다.

(3) 헌신하십시오.

헌신은 믿음의 지표 가운데 하나입니다.

아브라함은 그 전쟁의 승리가 하나님의 손에 달려 있었음을 믿는 확실한 표식으로 십일조를 멜기세덱에게 드렸습니다. 그리고 또한 전리품을 전혀 취하지 않고 돌려줌으로, 오직 하나님이 자신의 축복의 근원이 되심을 분명히 했습니다. 즉 그의 믿음이 헌신에 의해 확실히 드러난 것입니다. 오늘날도 주를 향한 우리의 헌신은 믿음의 좋은 표식이 됩니다.

어떤 분들은 십일조나 헌물과 같은 것들을 단순히 율법적인 행위로만 인식합니다. 하지만 십일조나 헌물을 드릴 때의 마음 자세에 따라 그것이 율법적인 것이 될 수도 있지만 아닐 수도 있습니다. 십일조와 헌물들을 드리기 전에 먼저 이 모든 것이 하나님의 도우심과 은혜로 말미암은 것이라는 믿음이 있어야 합니다.

복을 받기 위한 조건으로 드리는 것이 아니라 믿음의 고백으로 드려야 합니다. 이런 헌신은 참으로 아름답습니다. 우리는 이런 믿음의 헌신들을 볼 때에 감동을 받고, 함께 은혜를 누리게 됩니다.

아브라함은 하나님의 매력에 점점 더 깊이 빠져 들었습니다. 우리도 하나님의 매력에 더 깊이 빠져야 합니다.

아브라함처럼 믿음의 반응을 보이십시오.

믿음의 반응을 통해 하나님이 주시는 승리를 누리십시오.

사업과 직장에서 믿음의 반응을 통해 하나님의 축복을 누리십시오.

가정에서 자녀들을 키우며 믿음의 반응을 통해 형통케 하시는 하나님의 기적을 누리십시오.

삶의 여러 위기 속에서 믿음의 반응을 통해 하나님의 역전케 하시는 기적을 누리십시오. 이것이 신자의 특권입니다.

설교작성에 있어서 7가지 인물 설교 요점 적용

#1. 구속사적, 그리스도 중심적 해석

본문을 설교할 때, 아브라함이 그돌라오멜과 그 연합군의 손에서 롯을 구하고 수많은 소돔 지역 사람들을 해방시키고, 많은 전리품을 탈취하여 개선한 내용이 중심이 되기 쉽습니다. 하지만 아브라함과 맺으신 언약을 신실하게 지키시는 하나님에 관한 이야기가 실제 본문의 핵심입니다. 그러므로 본문은 하나님이 아브라함의 삶에 은혜를 베푸셔서 이 큰 전쟁에서 승리할 수 있게 하셨다는 사실이 드러나도록 해석이 되어야 합니다. 하나님이 아브라함을 택하여 부르실 때 하신 약속이 있었습니다.

"너는 복이 될지라"라는 것이었습니다. 하나님께서는 그 약속대로 아브라함의 삶이 모든 사람의 복이 되게 하셨습니다. 이것이 바로 본문의 뼈대입니다.

#2. 하나님에 대한 반응이라는 관점에서 인물의 행위 해석

아브라함의 행동에서 우리가 주목해 보아야 할 사실은 '그가 하나님이 전쟁에서 이기게 하셨다는 사실을 믿고 어떤 반응을 보였는가?'하는 부분입니다. 그는 멜기세덱에게 십일조를 드렸고, 전리품 중에 단 하나도 취하지 않았습니다. 이런 행동은 아브라함이 매우 진지하게 멜기세덱의 교훈들을 받아들였다는 사실을 알려줍니다. 아브라함에게서 우리는 이런 모습들을 본 받아야 합니다. 그것이 하나님을 믿고 살아가는 자들의 실제적인 모습이기 때문입니다.

#3. 내러티브 본문에 대한 정당한 해석

성경의 내러티브는 반드시 성경이야기 전체의 틀 안에서 이해되고 해석되어야 합니다.

단순히 본문만을 따로 떼어 생각하기보다 전체 이야기 속에서 이 본문이 차지하고 있는 위치를 생각할 때 비로소 바른 해석이 가능합니다. 아브라함이 롯을 구한 사건 하나만을 보고 본문을 해석하려고 하면 하나님이 행하시는 일 전체를 제대로 이해하기가 어려울 수 있습니다. 그러나 하나님이 행하시는 일을 아브라함을 부르시는 단계에서부터 상세히 살펴 온 독자라면, 본문에서도 자연스럽게 하나님의 행하시는 일에 더 많은 관심을 기울일 수 있을 것입니다. 이처럼 내러티브를 전체의 틀 안에서 볼 수 있어야 성경은 바로 해석될 수 있는 것입니다.

#4. 효과적인 본문의 제시

본문을 전하려는 설교자는 아브라함 당시에 일어난 소돔 주변 국들 사이의 갈등문제에서 시작하여, 롯과 그의 가족들이 사로잡혀 가게 된 계기와, 그 상황에 대응하는 아브라함의 모습을 자세히 살펴, 본문의 핵심 내용이 무엇인지를 청중에게 파악시키는 일에 관심을 가져야 합니다. 그리고 아브라함이 이 전쟁에 참전하고 승리하는 과정에서 과연 이 전쟁의 진정한 승리자가 누구인지가 드러나도록 해야 합니다. 그리고 그분은 바로 하나님이십니다.

#5. 인물의 전기가 되지 않도록 경계

본문을 아브라함의 영웅전으로 만들지 않으려면, 설교자가 항상 본문의 진짜 주인공을 찾는 일에 관심을 가져야 합니다. 설교자가 이 문제에 조금만 소홀하면 인물 설교는 자연스럽게 하나님이 아닌 인물이 주인공이 되기 마련입니다. 우리는 그들의 위대함을 전하는 것을 목적으로 설교를 하는 것이 아닙니다. 그들을 통해 일하시는 하나님을 전하는 것이 우리의 궁극적인 목적입니다.

#6. 초상황적 적용점 찾기

그돌라오멜과 그 연합군을 간단히 제압하시는 하나님의 위대하심과, 그 사실을 믿는 신자의 용기와 헌신은 우리 시대에도 큰 도전을 주는 주제들입니다. 아무리 시대가 변했어도 하나님은 여전히 온 세계와 만국 위에 뛰어나십니다. 우리는 그런 하나님을 믿는 자들로서 아브라함처럼 믿음의 반응을 보일 줄 알아야 하며, 신앙이 날마다 자라야 하겠습니다.

#7. 시대에 맞는 적실성 있는 적용

근래 들어 십일조에 대한 논란들이 많습니다. 그 중에는 십일조의 참된 정신은 배제된 채, 그저 율법적으로만 십일조를 강조하는 부당함으로 인해 제기되는 것들도 있습니다. 사실 이 문제 때문에 기독교가 비난을 많이 받고 있습니다.

십일조는 자신의 삶에서 얻은 승리가 하나님의 것이라는 사실을 믿음으로 고백하는 행위에서 시작되었습니다. 그러므로 적은 것을 투자해서 백배 천 배 혹은 그 이상의 복을 받겠다는 자세로 드리는 십일조는 십일조의 기본 정신을 크게 벗어난 것이라고 할 수 있습니다. 우리는 십일조를 드릴 때 우리 삶의 모든 승리가 하나님의 은혜임을 알고 고백하는 자세로 드려야 합니다. 그것이 참으로 주님을 기쁘시게 하는 십일조입니다.

제5장

믿는 자가 누리는 복 ❶

창세기 15장 1-6절

멜기세덱의 말을 들은 아브라함은 그에게 십일조를 드렸습니다. 그리고 자기 전리품들을 하나도 자기 것으로 취하지 않았습니다. 그가 이런 행동을 한 것은 자신의 승리가 하나님의 은혜라는 사실을 드러내고자 함이었습니다. 아브라함이 이런 믿음의 반응을 보였을 때, 다음과 같은 일이 그에게 일어났습니다.

"이 일 후에 여호와의 말씀이 환상 중에 아브람에게 임하여 이르시되"

이 때 하나님이 아브라함에게 하신 말씀 속에 귀한 교훈들이 들어 있습니다.

1. 하나님은 아브라함의 믿음의 행위를 기뻐하셨습니다.

아브라함이 믿음으로 반응했을 때, 하나님은 환상 중에 그에게 나타나 놀라운 축복을 약속하셨습니다. 그의 믿음의 행위가 얼마나 하나님을 기쁘시게 했던지 하나님께서 직접 그에게 나타나신 것입니다. 성경 여기저기서 우리는 믿음으로 반응하는 자들을 기뻐하시는 하나님의 모습을 찾아볼 수 있습니다. 아브라함이 독자 이삭을 바쳤을 때에도 하나님은 크게 기뻐하셨습니다.

"네가 네 아들 네 독자까지도 내게 아끼지 아니하였으니 내가 이제야 네가 하나님을 경외하는 줄을 아노라"(22:12)

욥도 믿음의 삶을 최선을 다해 살았던 인물이었습니다. 성경은 욥에 대해 "온전하고 정직하여 하나님을 경외하여 악에서 떠난 자"(1:1)라고 소개합니다. 이런 욥을 하나님은 정말 자랑스럽게 여기셨습니다. 사탄 앞에서도 그를 자랑 하실 정도셨습니다.

"여호와께서 사탄에게 이르시되 네가 내 종 욥을 주의하여 보았느냐 그와 같이 온전하고 정직하여 하나님을 경외하며 악에서 떠난 자는 세상이 없느니라"(1:8)

하나님의 기뻐하시는 모습은 다윗을 바라보실 때에도 나타납니다. 하나님은 다윗을 당신의 "마음에 합한 자"라고 말씀하시며 기뻐하셨습니다. 그리고 다니엘과 세 친구가 사생결단하고 하나님을 섬기는 모습도 하나님은 기뻐하셨습니다. 목숨을 걸고 믿음을 지킨 이들 모두에게 하나님은 큰 은혜를 베풀어 주셨습니다.

믿음의 사람들을 기뻐하시는 하나님의 모습은 신약에도 계속 나타납니다. 바울과 실라가 주를 전하다가 매를 맞고 옥에 갇혔습니다. 그들이 옥에서도 기도하고 찬송하자 하나님은 친히 옥문을 열어주셨습니다. 그리고 이 일로 인해 그들을 박해한 간수가 회개하게 해 주셨습니다. 하나님은 바울과 실라를 존귀하게 해 주셨고, 마음을 위로해 주셨습니다. 이처럼 성경의 여러 이야기 속에서 우리는 하나님이 믿음의 사람들을 기뻐하시는 모습을 찾아볼 수 있습니다.

그러므로 우리는 하나님의 축복을 사모하기 전에 먼저 참된 믿음을 가져야 합니다. 아브라함처럼 우리도 믿음으로 반응함으로 하나님을 기쁘시게 합시다. 그 때 하나님이 주시는 큰 은혜를 누릴 것입니다.

2. 하나님은 믿음의 반응을 보이는 아브라함을 축복하셨습니다.

아브라함의 행위를 기뻐하신 하나님은 그에게 복을 주셨습니다.

(1)위로하심

아브라함은 멜기세덱에게 십일조를 드렸고 소돔 왕에게 모든 전리품을 돌려주었습니다. 믿음으로 이 모든 일을 행하였을 때 하나님이 그에게 나타나 말씀하셨습니다.

"두려워하지 말라! 나는 네 방패요 너의 지극히 큰 상급이니라"(1절)

이 말씀은 "아브라함아! 네가 많은 것을 포기했구나! 하지만 두려워할 것 없다. 내가 너를 지켜 줄게! 네가 포기한 모든 것 보다 나 여호와가 너에게 주어진 더 큰 상급이니라."라는 것임이 분명합니다. 하나님은 아브라함에게 "너 정말 잘 했다. 너 정말 훌륭하구나. 그런데 이제 너는 아무 것도 걱정할 것 없다! 내가 너의 모든 삶을 책임져 줄게!"라고 말씀해 주신 것입니다.

(2)당신 자신을 주심

하나님이 아브라함에게 베푸신 은혜는 충격적이며 감격적입니다.

"나는 네 방패요 너의 지극히 큰 상급이니라"

하나님께서는 아브라함에게 "내가 너의 방패다", "내가 너의 지극히 큰 상급이다"라고 하신 것입니다. 아브라함은 손에 아무 것도 받은 것이 없는 것 같았지만 실제로는 가장 놀라운 선물을 받았습니다. 그 선물은 바로 하나님 자신입니다. 보잘 것 없는 인생이 믿음의 반응을 보일 때 엄청난 축복이 임했습니다. 하나님 당신 자신이 친히 아브라함의 선물이 되신 것입니다.

천지만물의 주인께서 스스로를 "아브라함의 방패"요, 또한 "지극히 큰 상급"이라고 칭하셨습니다.

역사 속에서 과연 누가 이보다 더 송구스러운 말씀을 들을 수 있을까요?

하나님은 만물의 창조주십니다. 온 우주와 만물 위에서 모든 것들을 통치하시는 만왕의 왕이십니다. 지극히 높으신 분이십니다. 그런 그가 스스로 아브라함의 것이 되시겠다고 말씀하신 것입니다. 아브라함은 그 무엇과도 비교할 수 없는 가장 위대한 복을 약속 받은 사람입니다.

우리가 믿음의 반응을 보일 때 하나님은 기꺼이 우리의 것이 되어주십니다. 이 사실을 안다면 믿음의 반응을 보이는 것이 마땅합니다. 믿음으로 반응하지 않는 것은 가장 위대한 축복을 차버리는 것과 같습니다. 우리는 적극적으로 믿음의 반응을 보입시다. 그리하여 하나님이 우리의 것이 되시는 은총을 누립시다. 하나님이 우리의 방패와 상급이 되시므로 부족한 것이 없는 삶을 누립시다.

아브라함은 하나님이 자신의 상급이 되신다고 하시는 말씀을 듣자 하나님께 이런 질문을 드렸습니다.

"주 여호와여 무엇을 내게 주시려 하나이까?"(2절)

여기서도 우리는 믿음으로 반응하는 아브라함의 모습을 발견합니다. 아브라함은 하나님이 자신의 상급이 되신다는 말을 하시자 그것을 그대로 믿고 하나님께 반응한 것입니다.

"하나님이 나의 상급이 되신다고요? 그러면 저에게 뭘 주실 겁니까? 지금 제게는 자식이 없습니다. 저의 상속자는 제 종들 중에 엘리에셀이 되게 생겼습니다. 하나님이 저에게 씨를 주지 않으셨기에 저의 집에서 기른 사람을 상속자로 삼을 수밖에 없습니다."

아브라함이 무슨 말을 하고 있는 것일까요?

지금 그는 "하나님이 상급이 되신다면 저에게 자식을 주시기원합니다."라고 한 것입니다. 그는 하나님의 말씀을 믿었기에 그대로 간구를 한 것입니다. 그리고 하나님은 즉시 그에게 응답하셨습니다.

"그 사람이 네 상속자가 아니라 네 몸에서 날 자가 네 상속자가 되리라 하시고 그를 이끌고 밖으로 나가 이르시되 하늘을 우러러 뭇별을 셀 수 있나 보라 또 그에게 이르시되 네자손이 이와 같으리라"(4절)

하나님이 친히 아브라함의 상급이 되심을 증명하신 것입니다.

믿음의 사람들에게 하나님은 친히 상급이 되십니다. 그러므로 우리는 하나님을 믿고 의지해야 합니다. 하나님을 진심으로 사랑해야 합니다.

1967년 이스라엘의 총리가 된 골다 메이어 여사가 있습니다. 그녀는 12년간 이스라엘 수상 자리에 있는 동안 국민들에게 알리지 않고, 백혈병 사투를 벌이면서도 자신의 직분을 성실히 감당했다고 합니다. 그녀는 나약해 질 때마다 하나님을 붙들었다고 합니다. 그리고 아무리 힘든 순간에도 자기가 해야 할 일에 조금도 소홀하지 않았다고 합니다. 하나님께서 주신 소중한 직분을 항상 귀하게 여기며 감사의 삶을 살았다고 합니다. 그녀가 자신의 자서전에서 이런 고백을 했다고 합니다.

"나는 내 얼굴이 못생긴 것에 감사한다. 나는 못났기 때문에 기도했고, 못났기 때문에 열심히 공부했다. 나의 약점은 이 나라에 도움이 되었다. 나의 약점은 하나님의 소명을 받는 기회가 되었다."

하나님은 믿음으로 살고자 하는 자의 위로가 되십니다. 그리고 하나님 자신을 그들에게 내어 주십니다. 이러한 은혜를 누리는 자는 그 무엇도 두렵지 않습니다. 아무리 연약하다 해도 결국 모든 것을 이겨냅니다. 우리도 그런 삶의 주인공이 되어야 합니다.

3. 하나님은 믿음의 사람 아브라함을 의롭다 하셨습니다.

아브라함은 하나님이 자신에게 약속하신 모든 것을 믿었습니다.

"아브람이 여호와를 믿으니 여호와께서 이를 그의 의로 여기시고.."(6절)

바울은 로마서 4장 3절에서 "성경이 무엇을 말하느냐? 아브라함이 하나님을 믿으매 그것이 그에게 의로 여겨진바 되었느니라"고 했습니다. 하나님께서 아브라함을 의롭다 하신 것은 오직 믿음 때문이라는 사실을 교훈한 것입니다. 아브라함은 믿음으로 말미암아 의롭다 하시는 복도 누렸다는 것입니다.

이 말씀은 우리에게도 동일하게 적용이 됩니다. 우리가 믿음으로 산다면 여전히 하나님은 기뻐하실 것입니다. 그리고 믿음으로 살아가는 우리에게 놀라운 복을 주실 것입니다. 뿐만 아니라 의롭다 하시는 복도 우리에게 허락하실 것입니다.

그러므로 하나님 앞에서 아브라함처럼 믿음의 반응을 보이며 신실하게 삽시다. 하나님을 기쁘게 합시다. 주께서 어디서든 누구 앞에서든 자랑하고 싶어 할 믿음의 사람이 됩시다. 반드시 풍성한 은혜와 복이 우리 삶에 임할 것입니다.

설교작성에 있어서 7가지 인물 설교 요점 적용

#1. 구속사적, 그리스도 중심적 해석

본문의 중심 내용을 아브라함이 누린 복에서 찾아서는 안 됩니다. 도리어 '하나님께서 믿음으로 사는 자들을 얼마나 사랑하시고 기뻐하시는가?'에서 찾아야 합니다. 설교자는 아브라함이 하나님께 충성해서 복을 받았다는 식으로 먼저 생각하는 경향을 벗어나야 합니다. 그리도 항상 그를 성숙의 길로 이끄시는 하나님의 선한 손길을 먼저 볼 수 있어야 합니다.

#2. 하나님에 대한 반응이라는 관점에서 인물의 행위 해석

아브라함은 계속 믿음으로 반응했습니다. 하나님이 그의 방패요 또한 큰 상급이시라고 말씀하셨을 때도 아브라함은 즉시 '무엇을 자신에게 주시려느냐?'는 질문을 드리며, 적극적으로 하나님이 주실 은혜와 복을 요청했습니다. 하나님은 이런 그를 위로해 주셨고, 그에게 당신 자신을 주시는 파격적인 은혜를 베푸셨습니다. 아브라함의 믿음의 행위는 그의 삶에 놀라운 축복이 되었습니다.

#3. 내러티브 본문에 대한 정당한 해석

본문을 단순히 아브라함이 하나님께 불평하는 것으로 이해하는 사람들도 많습니다. 즉 하나님이 자신을 아브라함의 방패와 상급이라고 하시자, 아브라함이 '도대체 무엇으로 그것을 알 수 있느냐?'고 불평 섞인 질문을 했다고 보는 것입니다.

이런 해석들도 나름대로의 의미가 있을 것입니다. 하지만 본문 내러티브는 14장 사건과 연관해서 생각해야 합니다. 하나님이 아브라함의 방패와 상급이 되신다고 말씀하신 것은 분명히 14장에서 아브라함이 취한 헌신적인 행동과 연관이 있다고 보아야 할 것입니다. 즉 하나님이 아브라함의 믿음의 반응을 보시고 기뻐서서 취한 응답이라는 말입니다.

그렇다면 15장의 대화는 그 연장선에서 이해해야 할 것입니다. 즉 지금 아브라함이 상속자에 대하여 하나님 앞에서 한 말은 불평이나 원망의 말이 아니라, 하나님 앞에 자신의 처지를 말씀드리고 그 해결책을 구하는 것으로 보는 것이 자연스럽다는 말입니다.

그러므로 본문은 하나님의 약속에 대한 아브라함의 신앙적 반응과 그것을 기뻐하신 하나님이 그에게 내리시는 은혜와 복에 대한 약속으로 이해하는 것이 더 옳다고 생각이 됩니다. 이처럼 설교자가 내러티브를 어떻게 해석하는가에 따라 설교 내용은 크게 달라질 것입니다.

#4. 효과적인 본문의 제시

이 설교에서 본문 전체의 이야기를 설교 초입부에서 상세히 설명하지는 않았습니다. 하지만 각 단락별로 본문의 내용에 대한 설명을 덧붙였습니다. 설교자는 청중에게 본문의 내용을 바르게 전체적으로 전달해야 합니다. 설교자가 전하는 것은 결국 본문의 내용이기 때문입니다.

#5. 인물의 전기가 되지 않도록 경계

본문 역시 아브라함의 이야기로 이해되어서는 안 되며, 그를 축복하시고 인도하시는 하나님을 계시하는 말씀으로 이해되어야 마땅합니다.

#6. 초상황적 적용점 찾기

믿는 자를 기뻐하시고 그를 축복하시는 하나님은 영원토록 변함이 없으십니다. 오늘도 동일하게 그 하나님이 우리 가운데 역사하십니다. 그러므로 우리도 믿음으로 살아가기를 힘씀으로 하나님의 복을 마음껏 누려야 할 것입니다.

#7. 시대에 맞는 적실성 있는 적용

이 설교에서는 시대에 직접 적용할 만한 내용을 다루지는 않았습니다. 설교를 할 때마다 그 시대에 어울리는 메시지를 전해야 한다는 부담을 가질 필요는 없습니다. 성경의 내용이 전체적으로 충분히 전해지면 자연스럽게 자신의 형편에 맞는 방식의 적용이 가능해 지기 때문입니다. 물론 현실에 직접 적용이 되는 적실성 있는 설교의 내용이 함께 포함이 된다면 더 좋을 것입니다.

.

제6장

믿는 자가 누리는 복 ❷

창세기 15장 7-21절

믿음의 사람 아브라함을 하나님은 위로하시고, 축복하셨습니다. 하나님은 자식이 없는 아브라함에게 그 후손이 하늘의 별처럼 번성할 것이라고 약속하셨습니다. 또 그를 의롭다고 인정해 주셨습니다. 하나님의 은혜는 여기서 그치지 않았습니다. 하나님은 아브라함에게 더 풍성한 은혜들도 주셨습니다.

1. 구하지 않아도 약속하신 모든 좋은 것을 주시는 하나님

아브라함의 큰 상급이 되시겠다고 하신 하나님께서는 후손에 대한 약속뿐 아니라, 그 땅에 대한 약속도 허락하셨습니다. 아브라함은 자신의 상급이 되시겠다고 하시는 하나님께 땅을 주시라는 간구를 하지는 않았습니다. 하지만 땅을 주신다는 것은 이미 하나님이 아브라함을 이 땅에 보내실 때에 하신 약속이었습니다.

하나님은 믿음의 사람에게 약속하신 모든 좋은 것들을 온전히 허락해 주십니다. 연약한 인간은 무엇을 구해야 할지도 알지 못하고 살 때가 많습니다. 이런 우리의 연약함을 성령 하나님께서 잘 아십니다. 그래서 우리가 기도할 때 도와주시는 것입니다.

"이와 같이 성령도 우리의 연약함을 도우시나니 우리는 마땅히 기도할 바를 알지 못하나 오직 성령이 말할 수 없는 탄식으로 우리를 위하여 친히 간구하시느니라"(롬 8:26)

아브라함의 간구는 온전하지 못했습니다. 하지만 하나님은 믿음의 반응을 보인 아브라함에게 그가 구하지 않았어도 약속하신 모든 것들을 이루어 주시겠다고 하셨습니다. 이것이 바로 하나님의 은혜입니다. 하나님은 우리의 간구보다 더 풍성하게 채워 주시는 좋은 아버지이십니다.

2. 보잘 것 없는 인간을 언약의 대상으로 삼아 주시는 하나님

아브라함이 믿음의 반응을 보이고 누린 또 하나의 축복이 있습니다. 그것은 하나님께서 언약의 당사자로 그와 마주해 주신 것입니다. 하나님이 이렇게 행하신 이유는 그에게 약속하신 모든 것들이 이루어질 것이라는 확신을 주시기 위함이었습니다. 아브라함은 인간이 상상할 수 있는 최고의 축복을 누린 사람입니다. 하나님이 약속하신 땅을 주시겠노라고 말씀하시자 아브라함이 하나님께 여쭈었습니다.

"주 여호와여 내가 이 땅을 소유로 받을 것을 무엇으로 알리이까?"(8절)

하나님께서는 아브라함에게 "내가 준다고 약속 했으면 당연히 줄 터인데 무슨 질문이 그러냐? 내가 말해 놓고 안주기라고 할 것 같으냐?"하고 야단을 치실 수도 있었습니다.

아브라함은 자신이 그 땅의 소유자가 될 것이라는 사실을 좀 더 확실하게 보증을 받고 싶었습니다. 이런 아브라함의 태도를 잘못된 것으로 여기시고 하나님이 꾸짖으실 수도 있었습니다. 하지만 하나님은 그렇게 하지 않으셨습니다. 이미 하나님은 당신께서 아브라함의 큰 상급이라고 말씀하신 바 있었습니다.

그래서일까요?

하나님은 기꺼이 그의 질문에 대답하셨습니다. 그런데 하나님이 보여주시는 반응이 특별합니다. 하나님은 아브라함에게 "나를 위하여 삼년 된 암소와 삼 년 된 암염소와 삼 년 된 숫양과 산비둘기와 집비둘기 새끼를 가져올지니라"(9절)고 명령하셨습니다. 창세기 기자는 아브라함이 하나님의 명을 따라 "그 짐승들을 가져왔고 그것들을 잡아서 그 중간을 쪼개고 그 쪼갠 것을 마주 대하여 놓고 새는 쪼개지 않았다"(10절)고 기록했습니다.

하나님이 요구하신 것은 고대의 언약의식과 관련이 있었습니다. 아브라함 때에는 사람들이 계약을 맺을 때 이런 의식을 행했습니다. 이 의식은 계약 당사자가 만일 언약을 파기하였을 경우, 그 쪼개진 짐승들처럼 죽임을 당할 것이라고 경고하는 의미를 담고 있었습니다. 이런 의식으로 양자가 피로 맺은 언약 관계에 들어가는 것입니다.

그런데 하나님이 마치 아브라함과 대등한 언약의 당사자라도 되시는 것처럼 그 당시 방식대로 아브라함과 언약을 맺어 주셨다는 것이 본문의 내용입니다. 자신이 그 땅을 소유하게 될 것을 어떻게 알 수 있는지를 아브라함이 묻자, 하나님은 아브라함에게 언약 예식을 준비하게 하셨습니다. 그리고 실제로 그 언약의 자리에 나타나셨습니다. 그리고 아브라함과의 약속을 지키지 못하신다면 정말 죽기라도 하실 것처럼 이 쪼개진 짐승들 사이를 친히 지나가신 것입니다.

"해가 져서 어두울 때에 연기 나는 화로가 보이며 타는 횃불이 쪼갠 고기 사이로 지나더라"(17절)

도대체 피조물인 아브라함이 무엇이라고 하나님께서 그를 자신과 대등한 계약의 당사자로 여겨주신단 말입니까? 어찌 감히 하나님께서 아브라함과 대등한 입장에서 계약을 맺으실 수 있겠습니까? 이 사건은 우리에게 큰 충격을 줍니다. 아브라함의 입장에선 이보다 더 놀라운 은혜가 없습니다. 제 생각에 '성경에서 가장 은혜로운 말씀들 중 하나가 이 말씀이 아닐까?'라는 생각이 들기도 합니다.

아브라함이 믿음의 반응을 보이고 받은 복은 정말 놀라운 것이었습니다. 그는 믿음의 반응을 보임으로 가장 존귀한 신분의 사람이 되었습니다. 우리는 하나님께서 믿음의 사람을 존귀하게 여기시고, 높여 주신다는 사실을 잊지 말아야 할 것입니다.

3. 미래를 계시하여 주신 하나님

사람들은 누구나 미래사에 대한 관심을 가지고 삽니다.

그러나 미래사를 참으로 알 수 있는 사람은 없습니다. 귀신들도 모든 미래사를 온전히 알지 못합니다. 오직 역사의 주관자 되시는 하나님만이 그것을 아시고 운행하십니다.

하나님께서 믿음의 반응을 보이는 아브라함에게 주신 또 하나의 복은 바로 감추어진 미래사를 알게 해 주신 것이었습니다. 하나님은 아브라함의 후손들에게 장차 일어날 일이 무엇인지를 가르쳐 주셨습니다.

"여호와께서 아브람에게 이르시되 너는 반드시 알라 네 자손이 이방에서 객이 되어 그들을 섬기겠고 그들은 사백 년 동안 네 자손을 괴롭히리니 그들이 섬기는 나라를 내가 징벌할지며 그 후에 네 자손이 큰 재물을 이끌고 나오리라. 너는 장수하다가 평안히 조상에게로 돌아가 장사될 것이요 네 자손은 사대 만에 이 땅으로 돌아오리니 이는 아모리 족속의 죄악이 아직 가득 차지 아니함이니라"(13-16절)

어떤 분들은 아브라함이 제물을 쪼개지 않고 드렸기 때문에 애굽의 노예로 400년 이상을 살았다고 주장합니다. 하지만 이런 해석은 모세 때에 주어진 율법으로 그 이전에 살았던 아브라함의 삶을 판단하는 것이기에 옳다고 볼 수가 없습니다. 그리고 모세의 율법에서도 작은 새들은 쪼개지 않고 번제로 드리게도 했습니다.

본문에서 정말 우리의 눈길을 끄는 것은 하나님이 약속의 땅을 주시는 일련의 과정을 아브라함에게 소상하게 가르쳐 주셨다는 점입니다. 이건 정말 놀라운 은혜와 특권이 아닐 수 없습니다. 본문은 아브라함의 믿음의 반응을 마음에 들어하신 하나님이 앞으로 세상의 역사를 어떻게 이끌어 가실는지에 대해 아브라함에게 미리 알려주신 일종의 예언인 것입니다.

이 말씀에서 우리는 아브라함이 행한 일이 너무 기쁘고 대견스러우셔서 곁에 그를 앉히시고 자상한 목소리로 "아브라함아 이 땅을 네가 어떻게 소유하게 될지 내가 상세히 이야기 해 줄게~! 잘 들어라!!!"고 말씀하시는 아버지 하나님의 모습을 그릴 수 있어야 합니다. 이것이 바로 믿음의 사람 아브라함이 누린 축복인 것입니다.

교회당을 건축할 때를 생각하면 여전히 하나님의 은혜가 감사하다는 생각이 듭니다.

건축 중에 참 신기한 일들이 많이 일어났기 때문입니다. IMF가 터지기 직전이었습니다. 건축 잔금을 치를 기간이 되지 않았는데 한 신용금고에서 교회로 찾아와 대출을 받으라고 권유했습니다. 그 즈음에 교회 건축을 맡은 업자가 재정상의 어려움을 겪었습니다. 그는 아직 잔금기간은 아니지만 형편이 되면 자신들을 배려해서 계약기간 전에 잔금지불을 해달라는 요청을 해왔습니다. 그래서 잔금을 미리 지불하는 기간만큼의 이자를 선제하고, 신용금고에서 대출을 받아 잔금을 지불해 주었습니다.

그런데 놀랍게도 잔금 지불 후 몇 주 지나지 않아 IMF가 터진 것입니다. IMF가 터지자 한 동안 은행의 대출이 모두 막혔습니다. 만일 그 때 대출을 받아 잔금을 치루지 않았다면, 우리 교회는 건축업자들에게 많은 고초와 수모를 당해야 했을 것입니다.

그런데 바로 그 때, 하나님이 그것을 먼저 아시고, 신용금고 사람들을 몇 번이나 우리 교회로 보내 주셨던 것이 아닐까요? 이런 생각이 들 때마다 우리가 사는 모든 것이 다 은혜임을 깨닫게 됩니다. 앞길을 미리 아시고 인도해 가시는 하나님의 선하심이 놀랍기만 합니다.

우리는 믿음으로 살아가야 합니다.

하나님이 믿음의 사람들을 축복하십니다.

하나님은 우리의 믿음의 행위를 크게 기뻐하십니다. 우리가 믿음으로 살아갈 때 하나님은 구하지 않아도 약속하신 모든 복을 주십니다. 하나님은 우리를 존귀하게 여기시고 언약의 대등한 당사자로 높여주십니다. 심지어 하나님은 주님이 행하실 장래 일들에 대한 놀라운 깨달음도 주실 수 있으십니다.

그러므로 믿음으로 살아갑시다. 그리하여 아브라함과 같은 놀라운 은혜들을 풍성하게 누리시기 바랍니다.

설교작성에 있어서 7가지 인물 설교 요점 적용

#1. 구속사적, 그리스도 중심적 해석

본문은 아브라함이 작은 제물의 각을 뜨지 않고 제사를 드리므로, 이스라엘 자손들이 애굽에서 400년 이상 노예로 살게 되었다고 해석이 되곤 합니다. 그러나 본문은 이러한 아브라함의 행동보다 하나님께서 행하시는 풍성한 긍휼과 은혜에 대한 말씀이라고 보는 것이 더 옳습니다.

아브라함이 이 때 행한 일에 대해 성경은 어떤 평가도 내리지 않았습니다. 도리어 모든 언약 의식이 정상적으로 이행이 되었고, 하나님의 응답이 그에게 임하였음을 보여줄 뿐입니다. 그러므로 본문은 하나님이 언약을 통해 아브라함을 축복하시는 장면이라고 생각하는 것이 더 타당합니다.

#2. 하나님에 대한 반응이라는 관점에서 인물의 행위 해석

본문은 주로 아브라함의 믿음의 반응에 대한 하나님의 응답이 중심을 이루고 있습니다. 그러므로 설교에서 인물의 행위 부분은 크게 다루지 않았습니다. 단, 인물의 행동 가운데 아브라함이 제물을 쪼갰는지 아닌지의 여부를 중심에 두고 도덕적 윤리적 해석을 하려고 해서는 안 된다는 사실을 밝혔습니다.

#3. 내러티브 본문에 대한 정당한 해석

아브라함의 행동을 중심으로 본문을 생각하기 쉽습니다. 하지만 본문을 이해할 때 항상 염두에 두어야 할 사실은 하나님 나라 전체 이야기의 속에서 그것이 해석되어야 한다는 점입니다.

아브라함이 비둘기를 쪼개지 않고 드린 이야기를 그의 신앙적, 도덕적 일탈행위의 하나로 보면, 그로 인해 애굽의 노예가 돼서 400년 이상을 고생을 해야 했다는 식으로 본문이 해석될 것입니다. 하지만 요셉은 자신이 애굽에 오게 된 이유를 당대 기근으로 죽게 된 중동 지역 사람들 모두와 이스라엘을 구원하기 위한 하나님의 특별 계획 때문이었다고 했습니다. 그러므로 이스라엘이 애굽으로 내려간 것을 단지 아브라함의 잘못에 대한 징계로 생각하는 것은 문제가 있습니다. 이런 전체 흐름 속에서 본문을 보지 못하고 항상 인과론이나 도덕론에 의해 본문을 해석 하는 것은 결코 바람직하지 않습니다.

#4. 효과적인 본문의 제시

본문의 이야기를 상세히 풀어 제시하는 것은 본문을 효과적으로 전달하기 위해 반드시 필요한 일입니다. 설교자는 항상 본문을 의지해야 합니다.

#5. 인물의 전기가 되지 않도록 경계

설교는 철저히 하나님 중심으로 구성이 되어야 합니다. 지금 아브라함의 삶을 인도하시며 복 주시는 분은 오직 하나님이십니다. 그러므로 이 설교에서 필자는 하나님이 드러나시도록 하는 일에 신경을 썼습니다.

#6. 초상황적 적용점 찾기

하나님은 아브라함 시대에 행하셨던 것처럼 오늘도 그리스도 예수 안에서 우리를 자녀 삼으셨고, 언약의 대상자로 여겨 주셨습니다. 그러므로 아브라함과 언약을 맺어주신 하나님의 은혜는 오늘 우리에게도 동일하게 적용이 됩니다.

계시가 완성된 오늘날 하나님이 아브라함에게 나타나 직접 말씀하신 것처럼 우리에게 말씀하시지는 않으십니다. 하지만 여전히 우리의 삶을 앞서 가시며 인도하신다는 점에서 우리는 동일한 은혜를 누리고 있는 것입니다.

#7. 시대에 맞는 적실성 있는 적용

우리가 누리는 하나님의 은혜의 위대함과 축복을 깨닫고 감사하며 사는 것이야말로 이 시대 우리 모두의 가장 큰 특권입니다.

제7장

고통만 초래한 육신의 생각

창세기 16장 1-16절

아브라함이 믿음의 반응을 보였을 때에 하나님은 놀라운 약속을 해 주셨고, 시간은 빨리 흘러갔습니다.

아브라함이 가나안에 들어온 지도 어느덧 10여년의 세월이 흐른 것입니다. 아브라함은 80대 중반을 넘었고, 사래 역시 70대가 되었습니다. 그러던 어느 날 사래는 자신이 이제 더 이상 아이를 낳을 수 없다는 사실을 자각하게 됩니다. 사래는 자신의 신체 변화를 통해서 이 사실을 쉽게 알 수 있었을 것입니다.

사래는 당대인들이 하듯이 남편인 아브라함에게 자신의 종 하갈을 첩으로 주어서 아이를 낳게 할 계획을 세웁니다. 어리석게도 그녀는 하갈이 낳은 아이가 자기 자식이 될 수 있을 것이라는 생각을 합니다.

"내가 혹 그로 말미암아 자녀를 얻을까 하노라 하매..."(2절)

사래의 요청에 따라 아브라함은 하갈과 동침하여 아이를 잉태시켰습니다. 그런데 막상 하갈이 아이를 잉태하자 계획했던 것과 상황은 크게 달라졌습니다. 하갈이 그때부터 아이를 갖지 못하는 여주인을 멸시하기 시작한 것입니다.

사래는 그 일이 억울하다고 아브라함에게 호소했습니다.

그녀는 하갈로부터 당하는 모든 모욕이 사실상 아브라함의 책임이라며 울분을 토합니다. 하지만 사실 이 모든 일은 자신이 제안한 것이었습니다. 이 일로 마음이 괴로워진 아브라함은 집안의 평화를 위해 사래의 마음대로 하갈을 처리하게 합니다.

"당신의 여종은 당신의 수중에 있으니 당신의 눈에 좋은 대로 그에게 행하라."(6절)

결국 하갈은 사래에게 학대를 당했고 참다못해 도망을 쳤습니다. 신앙생활을 한다 하지만 죄악 된 인간은 얼마나 어리석고 잔인하며 이기적인지요? 소위 믿음의 조상인 아브라함의 처신은 무책임해 보이기만 합니다. 자신이 남편에게 하갈을 주었으면서도, 일이 원하는 대로 되지 않자 하갈을 학대하고 쫓아내는 사래의 모습은 인간의 이기심과 잔인성을 날 것 그대로 보여 줍니다. 하갈도 자신이 아이를 잉태한 것을 알자 곧바로 사래를 멸시하고 모욕한 것에서 사람은 참으로 어리석고 죄악 된 존재임을 알 수 있습니다. 결국 이들은 자신들이 저지른 죄악으로 인해 모두가 고통을 당합니다.

그런데 하갈이 도망하는 중에 하나님의 사자가 그녀에게 나타나셨습니다. 하나님의 사자는 하갈에게 "네가 어디서 왔으며 어디로 가느냐?"고 물으셨습니다. 그리고 다시 사래에게 돌아가 그 수하에서 복종하며 살라고 하셨습니다. 아이를 잉태함으로 고통당한 하갈에게 그녀의 후대가 크게 번성하게 될 것이라고 약속도 해 주셨습니다. 뿐만 아니라 하갈이 아들을 낳을 것인데 그 이름을 이스마엘이라 할 것도 말씀해 주셨습니다. 심지어 이스마엘이 앞으로 어떤 삶을 살 것인지도 미리 알려 주셨습니다.

하나님은 사래의 눈을 피해 도망하는 하갈의 고통을 아시고 그녀를 위로하시러 친히 나타나 주셨던 것입니다.

하갈은 너무나 감격해서 하나님은 나를 살피시는 분(감찰하시는 하나님)이라는 고백을 했습니다. 하갈은 하나님이 지시하신대로 여주인 사래에게 돌아가서 아들을 낳았습니다.

1. 이 사건이 우리에게 주는 교훈이 무엇입니까?

(1)인간의 조급증

사래는 가나안에서 10년이 지나도 아들이 없자 인간적인 생각에 사로잡혔습니다. 아직 아브라함이 아이를 가질 수 있을 때에 어떻게든 아이를 가져야 하겠다는 생각을 한 것입니다. 그래서 당대의 관습을 따라 남편에게 자기 여종을 주었습니다. 그리고 아브라함 역시도 별 생각 없이 사래의 제안을 받아들였습니다. 이 모든 것은 오랜 인내의 시간을 견디지 못해 저질러진 일들이었습니다. 그리고 그 결과는 큰 불행이었습니다.

(2)사악한 인간본성

하갈에게서는 인간의 어리석은 교만이 잘 드러납니다.

아이를 가졌다는 이유로 여주인 사래를 멸시한 것입니다. 그리고 사래에게서는 인간의 무자비한 모습이 드러납니다. 자신을 멸시하는 하갈에게 진노한 사래는 인정사정없이 임신부인 그녀를 핍박합니다. 오죽했으면 하갈이 도망을 칠 정도였겠습니까?

또 아브라함은 정말 무책임한 모습을 보여 줍니다. 그는 하갈이 학대를 당하고 도망쳐야 할 상황이 되기까지 아무런 보호 조치도 취하지 않았습니다. 본문에 등장하는 사람 중에 그 누구도 인자와 자비로 타인을 대하거나, 사랑하는 모습을 찾아볼 수 없습니다. 하나님의 은혜로 의롭다 하심을 받지 못한다면, 이들 중에 과연 누가 감히 하나님 앞에 설 자가 있겠습니까? 하나님이 보실 때 이들은 얼마나 부끄러운 모습을 하고 있습니까? 이들의 모습은 "모든 사람이 죄를 범하였으매 하나님의 영광에 이르지 못하더니"라는 말씀의 의미를 잘 이해하게 해 줍니다.

(3)은혜로우신 하나님

하나님은 절망 가운데 임신한 몸으로 도망치는 하갈을 보호해 주셨습니다. 그리고 다시 사래에게 돌아가 보호를 받게 하셨습니다. 하갈이 해야 할 일은 사래에게 복종하는 것임을 가르쳐 주셨습니다. 그리고 그녀가 아들을 낳을 것과 그 아이가 크게 번성할 것도 말씀해 주셨습니다.

하나님의 위로에 하갈은 감동했습니다. 하갈은 하나님이 보잘 것 없는 종인 자신의 생명까지 살펴주신다는 사실을 깨닫게 되었습니다. 여주인 사래는 자신을 핍박하고, 아이를 임신케 한 아브라함도 관심을 기울이지 않는 서글픈 상황이었습니다. 이 절망의 상황에서 하갈은 자신을 위로해 주실 뿐 아니라 태중의 아이까지 보호해 주시는 은혜로우신 하나님이 계심을 알게 된 것입니다. 그 하나님을 하갈은 "나를 살피시는 하나님"이라 불렀습니다.

2. 하나님께서는 이 사건에 영적 의미를 담으셨습니다.

우리는 이 말씀을 단지 인간적인 관계의 문제로만 해석해서는 안 됩니다. 이 말씀에는 특별한 영적 의미들이 담겨져 있습니다.

"내게 말하라 율법 아래에 있고 자 하는 자들아 율법을 듣지 못하였느냐? 기록된바 아브라함에게 두 아들이 있으니 하나는 여종에게서 하나는 자유 하는 여자에게서 났다 하였으며, 여종에게서는 육체를 따라 났고 자유 있는 여자에게서는 약속으로 말미암았느니라 이것은 비유니 이 여자들은 두 언약이라 하나는 시내 산으로부터 종을 낳은 자니 곧 하갈이라 이 하갈은 아라비아에 있는 시내 산으로서 지금 있는 예루살렘과 같은 곳이니 그가 그 자녀들과 더불어 종노릇하고 오직 위에 있는 예루살렘은 자유자니 곧 우리 어머니라 기록된바 잉태하지 못한 자여 즐거워하라 산고를 모르는 자여 소리 질러 외치라 이는 홀로 사는 자의 자녀가 남편 있는 자의 자녀보다 많음이라 하였으니 형제들아 너희는 이삭과 같이 약속의 자녀라 그러나 그 때에 육체를 따라 난 자가 성령을 따라난 자를 박해한 것 같이 이제도 그러하도다 그러나 성경이무엇을 말하느냐 여종과 그 아들을 내 쫓으라 여종의 아들이자유 있는 여자의 아들과 더불어 유업을 얻지 못하리라 하였느니라 그런즉 형제들아 우리는 여종의 자녀가 아니요 자유있는 여자의 자녀니라."(갈 4:21-31)

아브라함이 하갈에게서 이스마엘을 낳은 것은 아직 육신의 힘으로 자식을 낳을 힘이 있을 때에, 오직 육신적인 생각과 능력을통해 이룬 일이었습니다. 하나님은 아브라함을 통해 그분의 나라를 세우기를 원하셨고, 그 과정에서 주도자는 철저히 하나님이되실 것을 말씀하셨습니다. 하나님은 "내가 너로 큰 민족을 이루게 하며 그 땅을 너와 네 후손에게 주리라"고 하셨습니다. 그 백성도 영토도 다 하나님이 주실 것이었습니다.

그런데 아브라함과 하갈 사이에서 태어난 이스마엘은 철저히 육신의 힘으로 태어난 아들이었습니다. 하나님이 친히 자기 백성을 이루기 위해 주신 아들이 아니었습니다. 이스마엘은 그 나라의 주인공이 될 수 없는 인물이었습니다. 결국 사래와 아브라함의 성급한 행동은 하나님 나라의 참된 모습을 사람들 앞에 온전히 드러내지 못할 위기상황을 초래한 것뿐이었습니다. 나중에 약속의 자손인 이삭은 사래의 경수가 끊어진 상태에서 하나님의 은혜와 능력으로 태어납니다. 즉 이삭의 기적적인 탄생은 하나님 나라 백성을 하나님이 친히 택하여 세우심을 보여 주신 것입니다.

3. 이 시대를 살아가는 우리에게 주시는 교훈

(1) 신앙생활은 오직 하나님의 뜻을 인내하며 기다리는 것입니다.

우리는 하나님 없이 자기 힘으로 모든 일을 해결하고 싶어 합니다. 그래서 하나님의 때를 기다리지 못합니다. 모든 일을 육신적이고, 인간적인 방법으로 해결하려고 합니다.

이런 행위들은 자기 힘이 아직도 남아 있음을 의미합니다. 아직도 포기하지 못한 육신의 생각들이 남아 있는 것입니다. 이래서는 결코 하나님의 영광을 드러낼 수 없습니다. 자기의 생각과 방법을 포기하고, 힘들고 지루해도 하나님의 뜻과 방법을 인내함으로 기다려야 합니다. 그 때 하나님이 행하시는 놀라운 일들을 보게 될 것입니다. 조금 더디고, 조금 마음에 들지 않더라도 인내하며 하나님의 때를 기다려야 합니다. 마침내 하나님의 크신 은혜가 넘치도록 임할 것입니다.

(2)육신의 생각이 가져다주는 것은 고통뿐입니다.

하갈이나 사래 혹은 아브라함이 모두 인간적이고 육신적인 생각에만 사로잡혀 있을 때, 그들의 삶은 고통과 불행으로 가득 찼습니다. 그 고통과 불행은 자신들이 초래한 것이었습니다.

우리는 아브라함을 통해 교훈을 받아야 합니다. 우리가 하나님의 말씀에서 벗어나 내 생각과 내 힘 내 뜻대로 살려고 하면, 고통과 불행 밖에 남을 것이 없다는 것입니다. 육신의 생각이 아니라 하나님의 뜻대로 사는 가운데 하나님의 풍성한 은혜를 누리시기 바랍니다.

(3)구원은 오직 하나님의 은혜로 받습니다.

우리를 의롭다하시고, 우리에게 구원의 은혜를 베푸시며, 하늘나라의 기쁨과 즐거움을 채워주실 분은 오직 하나님이십니다. 그러므로 우리는 일생동안 하나님의 은혜만을 의지해야 합니다. 십자가를 통해 우리에게 베풀어 주신 일방적인 은혜의 역사가 아니었다면, 우리의 구원은 불가능한 것이었음을 기억합시다.

우리 힘으로 의롭다 하심을 얻는 게 아닙니다.

하나님의 은혜로 얻습니다.

우리 힘으로 구원을 받는 게 아닙니다.

하나님의 은혜로 얻습니다.

우리의 노력과 충성심으로 하늘나라에 가는 것이 아닙니다.

오직 하나님의 은혜와 사랑으로 들어갑니다.

육신의 노력은 그 나라에 들어가는 일에는 무력합니다.

아브라함이 육신의 노력으로 얻은 아들 이스마엘이 주는 기쁨은 일시적일 뿐입니다. 우리 힘으로, 스스로 율법을 지켜서 구원받고자 하는 것은 일시적으로는 자기만족을 줄 수도 있지만, 결코 율법으로 구원을 얻을 수는 없습니다. 우리가 하나님의 나라에 들어가는 것은 오직 하나님의 은혜입니다. 그러므로 자신이 아니라 오직 하나님을 의지하며, 그 구원의 은총에 자신을 맡기고 살아가야만 참된 구원의 기쁨을 만끽할 수 있는 것입니다.

우리는 모두 타락한 인간본성을 가지고 있습니다.

그러면서도 항상 자신을 의지한다면 그보다 어리석은 일이 어디 있겠습니까? 우리의 힘이나 능력을 의지해서는 결코 그 나라의 의를 이룰 수 없습니다. 오직 하나님만 의지하며 살아야 합니다. 그것만이 유일한 구원의 길임을 잊지 맙시다.

설교작성에 있어서 7가지 인물 설교 요점 적용

#1. 구속사적, 그리스도 중심적 해석

사라와 하갈 그리고 아브라함의 관계는 그 자체로 신약 시대 성도들에게 특별한 영적 의미들을 전달해 줍니다. 무엇보다 사라와 하갈 내러티브는 구속사적 의미를 담고 있습니다. 즉 이들의 관계는 주인과 종, 율법과 자유케 하는 법 사이의 관계를 예표하고 있는 것입니다. 이들에 관한 내러티브의 해석에는 반드시 이런 문제가 고려될 필요가 있습니다.

#2. 하나님에 대한 반응이라는 관점에서 인물의 행위 해석

사래나 아브라함이 하갈을 대하고 다루는 태도들에는 하나님의 언약에 대한 불신앙과 어리석음이 잘 드러납니다. 그럼에도 불구하고 하나님께서는 이들에게 은혜를 베푸셨습니다. 필자는 이들의 행위보다 하나님이 행하신 그 은혜로운 일들을 조명하고자 했습니다.

#3. 내러티브 본문에 대한 정당한 해석

사래와 아브라함의 행위는 그 나라를 세워나가시는 과정에 큰 장애물이 될 수 있었습니다. 하나님은 그들의 어리석은 행위로 인하여 자칫 무산될 수도 있었던 그 나라의 역사를 바로잡아 주셨습니다. 그 하나님의 은혜가 본문 내러티브의 중심이 되어야 합니다.

#4. 효과적인 본문의 제시

본문 내러티브는 인간의 사악함과 어리석음을 매우 잘 드러내면서 동시에 그와 대비되는 하나님의 은혜와 사랑을 드러내고 있습니다. 그 은혜와 사랑을 드러내는 일에 설교자는 초점을 맞추어야 합니다.

#5. 인물의 전기가 되지 않도록 경계

설교자들이 본문을 가지고 하갈의 눈물의 기도가 하나님의 마음을 움직였다는 식으로 해석하는 경우가 많습니다. 이런 방식으로 본문을 다루게 되면 우리는 겨우 중동지역의 한 가정의 몸종이었던 하갈의 전기를 살피는 것 정도의 일을 하고 있다고 해야 할 것입니다. 이런 종류의 이야기는 우리나라의 고전 문학에서도 얼마든지 찾아볼 수 있습니다. 굳이 성경이 아니라도 어디서나 쉽게 찾아볼 수 있는 이야기라는 것입니다. 본문의 핵심은 그녀의 기도보다 하나님의 돌보심에 그 핵심이 있는 것입니다.

#6. 초상황적 적용점 찾기

하나님 나라의 역사가 진행되는 동안 우리는 오래 인내할 줄 알아야 합니다. 또한 구원의 역사는 인간의 노력에 의해 이루어지는 것이 아니라 오직 하나님의 은혜로 됩니다. 이런 것은 변하지 않는 진리입니다. 그러므로 신자는 늘 인내하며 하나님의 은혜를 바라보아야 합니다.

#7. 시대에 맞는 적실성 있는 적용

우리 한국인들은 모든 것을 빨리빨리 해 치우려는 민족성을 가지고 있다고들 합니다. 그런데 신앙의 성장이나 하나님 나라 역사의 성취와 같은 것들은 우리가 원하는 대로 빨리빨리 이루어지는 것들이 아닙니다. 내 생각이 아무리 급해도 기다리고 인내해야 합니다. 우리의 구원을 이루어가는 과정에는 하나님의 전적인 은혜가 있어야 한다는 사실을 알고, 조용히 참고 기다릴 줄 아는 신앙생활을 합시다.

제8장

오직 하나님의
은혜입니다

창세기 17장 1-14절

이스마엘이 태어난 후 13년이 지났습니다.

아브라함은 이제 99세의 노인이 되었습니다. 나이가 들수록 아브라함의 마음에는 '정말 하나님이 나로 말미암아 큰 민족을 이루실까?'라는 궁금증이 생길 수도 있었을 것입니다. 육신적으로는 이미 더 이상 자녀를 소망할 수 없음이 분명했습니다. 마음속으로는 아브라함도 이미 자녀에 대한 생각을 포기하고 있었던 것 같기도 합니다.

하지만 이 과정 속에 하나님의 뜻이 담겨 있었습니다.

시간이 흐르고, 나이가 들수록 아브라함과 사래의 힘으로 아이를 낳을 수 있는 가능성은 멀리 사라져갔습니다. 그런데 이로 인해 더 분명해지는 사실도 있었습니다. 그것은 이제부터 아브라함의 가정에 일어나는 일은 오직 하나님이 행하실 수 있는 일이라는 것입니다. 육신의 능력으로는 더 이상 아브라함이 하나님 나라 백성이 될 자식을 낳을 수 없었습니다. 그런데 인간의 모든 능력이 다 끊어진 그 자리에서 하나님은 사람의 능력으로 할 수 없는 일을 행하십니다. 여기서 우리는 하나님 나라 백성은 오직 하나님의 능력으로만 태어나게 된다는 사실을 알 수 있습니다.

당시에 아브라함이 하나님이 하실 일들의 의미 전체를 온전히 이해하기란 힘들었을 것입니다. 아브라함과 사래는 오랜 기간 아이를 기다려 왔습니다. 이들 부부는 기다림에 많이 지쳐있었을 것입니다. 하지만 하나님은 아브라함과 맺으신 언약을 잊지 않으셨습니다. 그래서 그에게 다시 나타나셔서 말씀해 주셨습니다.

"나는 전능한 하나님이라 너는 내 앞에서 행하여 완전하라 내가 내 언약을 나와 너 사이에 두어 너를 크게 번성하게 하리라 하시니 아브람이 엎드렸더니 하나님이 또 그에게 말씀하여 이르시되 보라 내 언약이 너와 함께 있으니 너는 여러 민족의 아버지가 될지라 이제 후로는 너를 아브람이라 하지 아니하고 아브라함이라 하리니 이는 내가 너를 여러 민족의 아버지가 되게 함이니라 내가 너로 심히 번성하게 하리니 내가 네게서 민족들이 나게 하며 왕들이 네게로부터 나오리라 내가 내 언약을 나와 너 및 네 대대 후손사이에 세워서 영원한 언약을 삼고 너와 네 후손의 하나님이 되리라 내가 너와 네 후손에게 네가 거류하는 이 땅 곧 가나안 온 땅을 주어 영원한 기업이 되게 하고 나는 그들의 하나님이 되리라"

하나님께서는 아브라함을 여러 민족의 아버지가 되게 하시겠다고 약속하셨습니다. 하지만 이 때 아브라함과 사래의 상태는 어떠했습니까?

"아브라함이 엎드려 웃으며 마음속으로 이르되 백 세 된 사람이 어찌 자식을 낳을까 사라는 구십 세니 어찌 출산하리요"(17절)

아브라함과 사래는 자식을 낳기에는 너무 나이가 들어버렸습니다. 아브라함이 여러 민족의 조상이 된다는 것은 사실상 불가능한 상황이었습니다. 그런데도 하나님께서는 아브라함의 후손을 번성하게 하시겠다고 약속하신 것입니다. 특히 그 여러 민족이 다른 사람도 아닌 사래를 통해 태어날 것이라고 하셨습니다.

"네 아내 사래는 이름을 사래라 하지 말고 사라라 하라 내가 그에게 복을 주어 그가 네게 아들을 낳아주게 하며 내가 그에게 복을 주어 그를 여러 민족의 어머니가 되게 하리니 민족의 여러 왕이 그에게서 나리라"(15-16절)

하나님께서는 이 약속을 주시면서 아브라함과 그의 온 가족이 할례를 받게 하셨습니다.

"할례를 받지 아니한 백성 곧 그 포피를 베지 아니한 자는 백성 중에서 끊어지리니 그가 내 언약을 배반하였음이니라"

(14절)

할례는 오늘날 포경수술과 같은 것인데, 아브라함의 후손으로 남성들은 모두 이 의식을 행하게 하셨습니다. 그리고 그것이 바로 하나님의 백성 된 표식이라고 하셨습니다. 할례의식을 행하게 하신 이유가 본문에 나와 있습니다.

"이에 내 언약이 너희 살에 있어 영원한 언약이 되려니와...."
(13절)

이 말씀에서 우리는 할례의식의 첫 번째 의미가 살을 찢는 것과 관련이 있음을 알 수 있습니다. 즉 이스라엘 남성이 할례라는 고통스러운 과정을 몸으로 직접 체험하고, 자기 몸에 선명하게 남은 흔적을 통해 하나님께서 이스라엘에게 약속하신 언약의 의미를 기억하게 하는 것이 우선적인 목적이라는 말씀입니다.

물론 할례를 행하게 하시는 하나님의 뜻이 이것만은 아닙니다. 할례에 대한 명령이 주어진 말씀의 위치는 매우 중요합니다. 할례 명령은 아브라함에게 여러 민족의 아비가 되게 하시겠다는 약속과, 아브라함과 사라가 근 백세가 되어 아이를 낳을 수 없는 처지가 되었다는 이야기 사이에 등장을 합니다.

흥미로운 사실은 바울이 할례를 거세 의식에 빗대어 말한 바가 있었다는 점입니다.

갈라디아서 5장 12절에는 "너희를 어지럽게 하는 자들은 스스로 베어버리기를 원하노라"라는 말씀이 나옵니다. 바울의 말은 할례를 주장하려면, 차라리 거세를 하라는 것이었습니다. 이 구절에서 바울은 할례와 거세를 대비시켰습니다.

본문의 말씀에 등장하는 할례를 일종의 거세 의식으로 생각해 봅시다. 그러면 본문의 의미는 매우 독특해 집니다. 즉 이제 아브라함이 낳을 자식은 거세된 자가 낳은 자식이라는 말이 되는 겁니다. 이것은 아이를 낳을 수 없는 자가 아이를 낳는다는 말입니다. 이것이 당시 아브라함의 현실이었습니다. 그 때 육신적으로 아브라함과 사래는 아이를 낳을 수 있는 상태가 아니었습니다. 그들 스스로가 이 사실을 분명하게 고백했습니다.

"백 세 된 사람이 어찌 아이를 낳을까? 사라는 구십 세니 어찌 출산하리요?"(17절)

그런데 바로 이들 사이에서 이삭이 태어난 것입니다.

즉 이삭의 탄생은 일종의 기적이었습니다. 하나님이 자기 백성을 만드시는 일은 당신께서 행하시는 기적으로 말미암은 것이었습니다. 그러므로 하나님이 아브라함에게 다시 나타나 말씀하실 때에 자신을 "전능하신 하나님"(1절)이라고 먼저 소개하신 것입니다. 전능하신 하나님의 은혜가 아니면 천국 백성을 만드는 일은 불가능하다는 사실을 이 구절이 잘 보여 주는 것입니다. 하나님 나라의 백성이 되는 것은 오직 전능하신 하나님의 역사가 있어야 하는 것입니다.

흥미롭게도 구약 성경의 이러한 사상은 신약 성경과 그 맥이 같습니다. 제자들은 '부자가 천국에 들어가기가 낙타가 바늘귀로 들어가는 것보다 더 어렵다'는 말씀을 듣고 놀랐습니다. 그래서 주님께 물었습니다.

"그렇다면 누가 구원을 얻을 수 있으리이까?"(마 19:25)

그 때 주님이 대답을 하셨습니다.

"사람으로는 할 수 없으나 하나님으로는 다 하실 수 있느니라."(마 19:26)

즉 하나님의 나라에 들어가는 일은 낙타가 바늘귀로 들어가는 것 보다 더 어려운 일이지만(불가능하다는 말씀), 전능하신 하나님이시라면 못하실 일이 없으시니, 반드시 구원하실 자를 건져내실 것이라는 말씀입니다. 이 점에서 결국 신약과 구약은 같은 진리를 교훈하고 있습니다.

이제 말씀의 교훈들을 정리해 봅시다.

1. 하나님의 때가 있습니다.

모든 것에는 하나님의 때가 있습니다. 그 때를 기다리는 것은 힘들고 어려울 수도 있습니다. 하지만 하나님의 때가 되면 하나님은 약속하신 모든 일들을 친히 행하실 것입니다. 그러므로 신자는 묵묵히 그 때를 기다리며 신앙생활에 매진해야 합니다.

2. 하나님의 행하시는 일을 다 이해할 수 없더라도 믿음을 지켜야 합니다.

아브라함이 하나님의 행하시는 일을 다 이해할 수 있었기에 믿고 따른 것은 아닙니다. 우리가 주님을 따르는 길에는 이해하기 힘든 일들도 많습니다. 후손에 대한 약속을 주셨으면서, 자식을 낳을 수 없는 상태가 되기까지 기다리게 하시는 하나님의 뜻을 아브라함이나 사라가 다 이해할 수는 없었을 것입니다. 그러나 우리는 이런 일들 속에 하나님의 뜻이 드러나고 있음을 깨달았습니다. 그러므로 때로 이해되지 않는 일들이 일어난다 할지라도 우리는 묵묵히 주님의 뒤를 따르는 신앙인들이 되어야 합니다.

3. 우리의 구원은 오직 하나님의 은혜임을 기억합시다.

우리가 구원을 받아 하나님 나라 백성이 되는 것은 전능하신 하나님의 기적에 의한 것입니다. 우리의 힘과 능력과 지혜의 깨달음으로 하나님 나라 백성이 되는 것이 아닙니다.

아브라함의 힘으로 하나님의 택한 백성을 만들어 낼 수는 없었습니다. 그는 이 사실을 자신의 몸 안에 할례 의식을 통해 깊이 각인한 후에 비로소 하나님의 기적으로, 그분께서 허락하신, 그 나라 백성을 낳을 수 있었습니다.

그러므로 우리는 전도할 때 자기 힘으로 한 것처럼 생각해선 안 됩니다.

전도의 현장에 하나님의 은혜가 임해야 합니다.

바로 그 때 그 장소는 하나님의 기적의 현장이 되는 것입니다.

우리가 하나님을 예배하는 자리에 참석할 수 있다는 것 또한 그 자체가 하나님의 은혜요 기적입니다. 이러한 깨달음이 바로 하나님의 영광을 온전히 찬양하는 자리로 나아가는 진정한 예배의 회복을 가능케 할 것입니다.

4. 전능하신 하나님을 의지할 때 행복합니다.

우리의 구원은 오직 전능하신 하나님이 거저 주시는 은혜입니다. 구원받은 우리는 전능하신 하나님의 인도와 보호 아래 있습니다. 우리는 하나님의 특별한 사랑 안에 거하고 있습니다.

이 사실은 우리의 삶에 큰 힘을 공급합니다.
당신은 자신이 구원받은 것을 기적이라고 믿으십니까?
그 구원을 이루신 하나님이 전능자이심을 믿으십니까?

하나님은 아브라함에게 약속하신 모든 일을 이루셨습니다.
하나님은 아브라함이 행복하게 살면서 번성하는 모습을 보고 싶으셨습니다. 그래서 하나님은 도무지 아이를 낳을 수 없게 된 아브라함을 자녀의 즐거운 아비가 되게 하신 것입니다. 하나님은 아브라함의 삶에 가장 귀한 선물을 주셨습니다. 하나님은 우리에게도 동일하게 행하실 것입니다.
우리를 위해 약속하신 모든 것들을 이루실 것입니다.
우리를 행복의 길로 인도하실 것입니다.
우리의 삶을 번성케 하시며, 우리를 자녀의 즐거운 부모가 되게 하실 것입니다.
우리 삶을 가장 좋은 선물들로 풍성하게 채워 주실 것입니다.
그러므로 믿음으로 전진해야 합니다.
결코 낙심하지 말아야 합니다.
주님이 행하실 위대한 일들을 기대하며 끝까지 인내해야 합니다.
주님의 풍성하신 은혜가 임하기까지 믿음으로 인내해야 합니다.

설교작성에 있어서 7가지 인물 설교 요점 적용

#1. 구속사적, 그리스도 중심적 해석

아브라함을 큰 민족이 되게 하시는 일은 하나님만 하실 수 있는 일이었습니다. 할례는 아브라함이 그 사실을 믿었음을 행동으로 보여 준 것이라고 할 수 있습니다. 거세당한 자와 같이 되어버린 아브라함의 힘으로 큰 민족을 이루는 일은 이미 불가능하고, 오직 하나님의 은혜와 기적으로만 가능하다는 사실을 인정한 것이 할례의식이었다는 것입니다. 이 사건은 구원이 전적으로 하나님의 은혜임을 교훈합니다.

#2. 하나님에 대한 반응이라는 관점에서 인물의 행위 해석

할례를 시행한 것은 아브라함의 믿음의 반응이었습니다. 그는 하나님의 말씀대로 자신뿐만 아니라 함께 한 모든 남자들에게도 할례를 시행했습니다. 할례를 행함으로 아브라함은 오직 하나님이 그 나라를 세우신다는 자신의 믿음을 분명하게 증거했습니다.

#3. 내러티브 본문에 대한 정당한 해석

하나님께서 할례를 행하도록 명령하신 때는 아브라함과 사라가 인간적인 방법으로는 아이를 낳을 수 없게 된 이후였습니다. 여기서 우리는 아이를 낳을 수 없게 된 사실과 할례 사이에는 밀접한 관계가 있음을 알 수 있습니다. 그러므로 할례의식에 대해 정당한 해석을 하려면 반드시 아브라함과 사라가 인간적으로 아이를 낳을 수 없게 되었다는 사실이 의미하는 바를 전체 내러티브를 통해 이해해야만 합니다.

#4. 효과적인 본문의 제시

할례의식이 제정된 위치가 의미하는 바를 잘 이해하도록 내러티브의 전체적인 흐름을 설명하려고 했습니다. 흔히 할례의식 자체의 의미를 설명하느라고 내러티브에서 이야기 하고자 하는 중심 주제를 놓치기 쉽다는 점도 주의해야 합니다.

#5. 인물의 전기가 되지 않도록 경계

자연스럽게 본문을 읽기만 해도 모든 행위의 주관자가 하나님이시라는 사실이 분명하게 드러납니다. 그러므로 신실한 독자라면 본문을 인물의 전기로 해석하기가 쉽지 않을 것입니다. 모든 일을 행하시는 분은 하나님이십니다.

#6. 초상황적 적용점 찾기

아브라함이 할례를 행한 것은 아이를 낳는 일이 자신에 달려 있지 않다는 자신의 믿음을 행동으로 보여준 것이라고 할 수 있습니다. 하나님이 이루어 가시는 구원 역사에서 인간이 기여할 수 있는 일은 전혀 없습니다. 이런 구원의 원리들은 우리의 구원에도 동일하게 적용이 됩니다. 우리도 오직 하나님의 은혜로 구원을 받는 것입니다.

#7. 시대에 맞는 적실성 있는 적용

우리 시대에 할례를 행하는 일은 큰 의미를 갖지 못합니다. 하지만 그 이야기 속에 구원은 전적 은혜라는 귀중한 의미가 담겨 있습니다. 이 구원의 이야기는 오늘날도 동일하게 적용됩니다. 오늘날도 우리는 오직 은혜로 구원을 받는 것입니다. 우리가 사람을 구원하는 것이 아니라 오직 하나님의 은혜로 구원이 임할 뿐입니다. 그러므로 전도하는 것도 전적인 은혜의 역사입니다. 이런 의식으로 주변을 볼 때 우리 삶의 모든 현장은 하나님이 기적을 행하시는 장소임이 드러납니다.

제9장

하나님은 전능하십니다

창세기 18장 1-15절

존 파이퍼 목사가 쓴 글에 이런 것이 있었습니다.

"나는 언제나 모든 면에서 하나님의 도우심을 필요로 한다.......
나는 믿음이 약하기 때문에 하나님의 도우심이 필요하다.
나는 시들어진 영성에 불을 붙이는 데 하나님의 도우심이 필요하다.
나는 복음을 전하는 능력을 얻는 데 하나님의 도우심이 필요하다.
나는 진정한 예배를 드리는 데 하나님의 도우심이 필요하다.
나는 의롭게 사는 용기를 위해 하나님의 도우심이 필요하다.
나는 십대 청소년들을 하나님 중심적으로 겸손하며 공손한 젊은이들로 변화시키기 위해 하나님의 도우심이 필요하다.

나는 선교사들에게 소망과 기쁨과 담대함을 심어주기 위해 하나님의 도우심이 필요하다.

나는 앞으로의 계획을 이끌어 나가기 위해 하나님의 도우심이 필요하다.

나는 수많은 요구와 압박감과 즐거운 가능성들을 위해 하나님의 도우심이 필요하다."

우리도 덧붙일 수 있을 것입니다.

"나는 직장생활에서 하나님의 영광을 나타내기 위해 하나님의 도우심이 필요하다.

나는 학업을 잘 감당하기 위해 하나님의 도우심이 필요하다.

나는 주님의 뜻에 따라 자녀 양육을 하기 위해 하나님의 도우심이 필요하다.

나는 무너진 건강의 회복을 위해 하나님의 도우심이 필요하다."

전능하신 하나님은 우리의 도움이십니다. 아브라함의 삶은 이 사실을 잘 드러내 줍니다.

무척이나 햇살이 강렬하게 내리쬐는 어느 낮 시간에 아브라함은 장막 문에 앉아 쉬고 있었습니다.

무성한 상수리나무들이 그의 주위로 그늘을 만들어 무더위를 식혀 주었습니다. 그때 하나님이 천사 둘을 대동하시고 아브라함 앞에 나타나셨습니다. 처음에 아브라함은 그들을 알아보지 못했습니다. 그래도 친절한 사람인 아브라함은 땡볕 아래를 지나는 그들을 시원한 그늘이 있는 자기 집으로 강권하여 영접합니다. 그리고 정성을 다해 극진히 대접 합니다. 그는 심지어 손님들을 위해 송아지도 잡고 치즈와 우유 그리고 다양한 요리까지 준비했습니다.

그런데 극진한 대접을 받은 그들이 아브라함의 아내인 사라를 찾았습니다. 그리고 한 해가 지나면 사라에게 아들이 있을 것이라는 말을 해 주었습니다. 당시에 사라는 나이가 많아 이미 경수가 끊어진 상태였습니다. 즉 아이를 낳는 것이 불가능했다는 말씀입니다. 그러므로 사라는 그들의 말을 들었을 때에 속으로 웃을 수밖에 없었습니다. 그것은 도저히 불가능한 일이었기 때문입니다. 경수가 끊긴 여인이 어떻게 아이를 낳겠습니까? 그 때 하나님께서는 사라가 웃은 것을 아시고 이렇게 말씀하셨습니다.
"여호와께 능하지 못한 일이 있겠느냐?"(14절)

이 말씀이 주는 교훈을 생각해 봅시다.

1. 하나님이 택한 자에게 특별한 은혜를 주시려고 친히 그 집을 방문하셨습니다.

신학적으로 이러한 일을 '하나님의 현현'이라고 합니다.
하나님이 친히 나타나신 것입니다. 하나님이 친히 아브라함의 가정을 방문하신 것입니다. 이 사건이 의미하는 바는 정말 엄청납니다. 조금만 생각해 봐도, 그 안에 놀라운 하나님의 은혜가 담겨 있음을 알 수 있습니다. 무엇보다 이 사건은 하나님께서 보잘 것 없는 아브라함을 얼마나 아끼고 사랑하시는지를 극적으로 보여줍니다.

하나님이 아브라함에게 단지 약속만 하셨다고…. 아브라함은 그것만으로도 깊이 감동했을 것입니다. 그런데 하나님이 약속만 하신 것이 아니라 친히 찾아와 주신 것입니다. 마치 말만으로는 부족하시다는 듯이 직접 아브라함의 장막에 찾아오셔서 그와 함께 식사하시고, 사라가 아들을 낳을 것이라고 확증해 주신 것입니다.

이것이 무엇을 의미하는지 잘 이해가 되지 않으십니까?

그렇다면 이렇게 생각해 보십시오.

만일 재직 중인 회사의 보스(혹은 회장이나 사장)가 선물을 준다는 약속을 했다고 가정해 봅시다. 그가 선물을 준다고 약속한 것만으로도 당신은 크게 감동할 것입니다. 물론 그가 얼마나 귀한 사람인가에 따라 감동의 크기는 차이가 날 수 있을 것입니다. 만일 상을 주는 이가 국가의 대통령이라면 동장이 상을 줄 때 보다 훨씬 더 큰 감동을 받을 것이 아니겠습니까?

여하간 당신의 보스가 당신에게 상을 주겠다고 약속만 해 준 것으로도 당신은 크게 감동 하지 않았을까요?

그런데 만일 당신의 보스가 상을 직접 전해 주고 싶다고 당신의 집까지 찾아와 준다면, 그냥 약속을 했던 것과 어떤 차이가 있을 것 같습니까? 그 기쁨이 훨씬 더 크지 않겠습니까?

지금 하나님이 아브라함에게 하신 일이 바로 그것입니다. 하나님은 아브라함을 특별하게 감동시키시고 싶으셨던 것 같습니다. 그래서 직접 그 집을 방문하신 것입니다.

이렇게 본문을 보면 마음에 깊은 감동이 찾아옵니다.

하나님이 택한 백성을 얼마나 소중하게 여기시는지를 알 수 있기 때문입니다.

2. 하나님의 약속은 우리에게 강한 믿음을 요구합니다.

아들을 주신다는 말씀을 듣고 사라는 웃었습니다. 성경은 그 이유를 이렇게 설명했습니다.

"아브라함과 사라는 나이가 많이 늙었고 사라에게는 여성의 생리가 끊어졌는지라."(11절)

아이를 낳을 수 없는 자신의 상태를 누구보다 잘 알고 있는 사라가 그렇게 반응한 것은 사실 매우 자연스러운 일입니다. 아마 사라와 같은 상황이라면 누구라도 비슷하게 행동했을 것이라고 나는 생각합니다. 그녀는 이렇게 혼잣말을 했습니다.

"내가 노쇠하였고 내 주인도 늙었으니 내게 무슨 즐거움이 있으리요?"(12절)

하나님의 약속이 주어졌을 때 우리 믿음의 조상들이 보인 반응이 이랬습니다. 그리고 사라만이 아니라 아브라함의 반응도 같았습니다.

여기서 우리는 하나님의 약속이 우리에게 강한 믿음을 요구한다는 것을 알 수 있습니다. 이미 죽은 것처럼 된 아브라함과 사라의 몸에 아들을 주시겠다는 하나님의 약속은 믿음이 없다면 기다릴 수 없는 것입니다. 약속이 주어지는 순간부터 그들에게는 강한 믿음이 요구됐습니다.

출애굽한 이스라엘에게 하나님은 약속의 땅을 주시겠다고 약속하셨습니다. 그런데 그 땅을 차지한 사람들이 누구입니까? 그들은 그 약속을 확고히 믿고 전진한 사람들입니다. 오직 강한 믿음으로 약속을 의지하고 전진하는 자들만이 축복을 누릴 수 있는 것입니다.

처음에 하나님이 주신 약속에 대하여 웃어버렸던 아브라함과 사라는 후에 어떤 반응을 보였을까요?
"믿음으로 사라 자신도 나이가 많아 단산하였으나 잉태할 수 있는 힘을 얻었으니 이는 약속하신 이를 미쁘신 줄 알았음이라 이러므로 죽은 자와 같은 한 사람으로 말미암아 하늘의 허다한 별과 또 해변의 무수한 모래와 같이 많은 후손이 생육하였느니라"(히 11:11-12)
우리에게도 하나님의 약속의 말씀이 주어졌습니다.

이 약속의 말씀들은 항상 강한 믿음을 요구합니다. 모든 것이 부정적으로 보이고 또한 불가능해 보인다 할지라도 만일 하나님의 약속이 있다면, 그것을 의지하고 계속해서 전진하십시오. 바로 그 때가 믿음이 요구되는 때임을 잊지 마시기 바랍니다.

3. 하나님은 전능하시다는 것입니다.

아들을 주신다는 말씀을 듣고 사라는 속으로 웃었습니다.

이 사실을 아신 하나님은 그녀의 어리석은 불신앙을 지적하셨습니다. 하나님 앞에 자신의 불신앙을 들킨 사라가 그것을 부인하고자 했지만 사실을 숨길 수 없었습니다. 우리는 항상 자신의 모습이 하나님 앞에 벌거벗은 것처럼 드러난다는 사실을 기억하고, 항상 조심하며 우리 안에 믿음이 충만하기를 힘써야 합니다. 아브라함과 사라가 그렇게 행하였을 때 하나님은 그들의 믿음이 연약함에도 불구하고 은혜를 베풀어 주셨습니다.

"여호와께 능하지 못한 일이 있겠느냐?"(14절)

전능하신 하나님께서 아브라함의 가정에 아들을 주신 것입니다. 하나님께서는 도무지 자식을 낳을 수 없는 늙은 노부부에게 가장 놀라운 축복의 선물을 주셨습니다.

믿음생활의 끝에는 아름다운 보상이 있습니다.

이것을 잊지 마시기 바랍니다.

〈현실 가운데 이 말씀을
어떻게 적용해야 할까요?〉

1. 하나님의 사랑과 임재에 대한 믿음을 결코 놓치지 맙시다.

믿음의 사람들이 어려움을 당할 때, 목사의 마음은 정말 아픕니다.

목회를 하다보면 병이나서 또는 여러 번의 실패로 깊이 좌절하고 절망하는 성도들을 만납니다. 도대체 무슨 말로 위로해야 할지 알 수 없을 때가 많습니다. 그분들의 힘듦이 같이 느껴지기 때문입니다. 본문은 그런 상황에서도 "신자는 결코 낙망해서는 안 된다"고 교훈합니다. 주님이 반드시 그들의 삶에 은혜를 베푸실 것이기 때문입니다. 하나님은 약속을 주시고 또한 친히 다가와 인생의 문제를 해결해 주시는 분이십니다.

유대인들이 지키는 명절 중 가장 뜻 깊게 지키는 절기가 유월절입니다. 그런데 지금도 이스라엘 백성들은 유월절 잔치를 즐기면서 부르는 노래가 있다고 합니다. 노래 제목은 "아니 마민"이고 "나는 믿는다"라는 뜻이라고 합니다. 유월절 잔치를 위해서 가족들이 다 모였을 때에 유대인들은 이 비극적이고도 아름다운 영가를 항상 부른답니다. 아니 마민이란 노래는 이렇게 시작된다고 합니다.

"우리는 구세주가 오시리라는 사실을 알고 있다.

그러나 그는 조금 늦게 오신다."

유대인들은 가스실에 끌려가 비참하게 죽어가면서 안타까운 마음으로 이 노래를 불렀다고 합니다.

그런데 이 죽음의 수용소에 한 젊은 유대인 외과의사 한 사람이 있었습니다.

그는 어느 날 사역장에서 노동을 하다가 유리조각 하나를 발견했습니다. 깨어진 유리조각을 발견한 그는 골똘히 생각하더니, 감시자들의 눈을 피해 그 유리조각을 자기의 호주머니에 감춥니다.

일이 끝나고 감방에 돌아온 그는 "다시는 아니 마민의 노래를 부르지 않겠다"고 결심하고, 가사를 바꾸어 노래를 부르기 시작했습니다.

"우리의 구세주는 약속하신 대로 오신다는 사실을

우리는 알고 있다.

사람들은 늦게 오신다고 불평한다.

그러나 아니다. 우리가 너무 조급해 할 따름이다."

뿐만 아니라 그는 그 날로부터 주머니에 숨겨 온 유리조각을 예리하게 갈아 조석으로 면도를 하기 시작했습니다.

나치의 간수들이 사람들을 일렬로 도열시켜 놓고 죽일 사람들을 골라 낼 때마다 시퍼렇게 면도를 하고 삶에 대한 의지를 불태

우는 그를 아직 죽이기는 이르다고 생각하는지 항상 그냥 지나치더랍니다. 결국 몇 번씩이나 죽음의 고비를 넘길 수 있었습니다.

그 수용소의 휴지조각에 그 청년은 자기의 생각과 일과를 날마다 기록하기 시작했습니다. 다행히도 그는 나치 수용소에서 기적적으로 살아남았습니다. 그리고 그의 일기장이 공개되었는데 그 안에는 이런 말이 있었다고 합니다.

"고통 속에서 죽음을 택하는 것은 가장 쉽고 가장 나태한 방법이다. 죽음은 그렇게 서두를 것이 못된다. 죽음 앞에서 살아보려는 부활의 의지, 이것이 새로운 창조다."

전쟁이 끝난 후, 그는 스웨덴으로 가서 병원을 개업 했고, 해마다 유월절이 되면 친척들을 불러 놓고 가사를 바꾼 '아니 마민' 영가를 노래한다고 합니다.

"우리의 구세주는 약속대로 오실 것을 우리는 알고 있다.
사람들은 그가 조금 늦게 오신다고 불평하고 있다.
그러나 아니다. 우리가 너무 서두르고 있을 따름이다."

2. 전능하신 하나님이 우리 문제보다 더 크시다는 믿음을 결코 포기하지 맙시다.

우리가 안고 있는 문제들은 결코 작지 않습니다.

성도들이 당하고 있는 어려운 문제들 앞에서 목사는 한 없이 작아질 때가 많습니다. 희망을 찾기 힘들다는 생각이 들기 때문입니다. 그러나 이런 힘든 상황에서도 우리는 눈을 들어 하나님을 바라보아야 합니다.

우리는 아브라함이나 사라처럼 이 큰 문제가 해결될 수 있다는 말을 듣자마자 웃기부터 하는 불신앙적 반응을 보일 수 있습니다.

'이미 다 끝나버린 일인데 무슨 해결책이 있겠어? 더 이상은 불가능해! 내 건강은 다 끝났어! 내 사업은 끝났어! 직장에서 더 이상 내 자리는 없어! 우리 가정은 소망이 없어! 내 자식은 더 손쓸 방법이 없어!'

하지만 이 때 하나님이 보실 때에는 다를 수 있다는 사실을 기억해야 합니다. 전능하신 하나님은 전혀 다른 말씀을 하실 수 있으십니다.

"여호와께 능하지 못한 일이 있겠느냐?"(14절)

우리는 이 소리에 귀를 기울여야 합니다.

신시네티 대학의 안종혁 교수는 너무 가난한 나머지 공부를 더 지속할 수 없었습니다.

그는 공업고등학교를 졸업하고, 방직공장에서 전기공으로 3년간 일을 했다고 합니다. 하지만 공부에 대한 열망이 사라지지 않더랍니다. 그래서 그는 힘들게 전문대학에 진학했고 계속해서 지방대학에 편입을 해 공부를 했습니다. 어머니의 기도와 권고를 받아 서울대학교 대학원에 진학을 했고, 새벽마다 기도해 주시는 어머니의 사랑과 기도소리를 들으면서 유학까지 갔다고 합니다.

그런데 유학 중에 학사경고를 맞게 되면서 자신이 아무리 노력해도 안 되는 일이 있음을 알게 되었답니다. 박사 예비시험에 여러 번 떨어져서 7전 8기 했지만 더 이상 고난을 견딜 수 없었답니다. 기도하는 중에 "너의 가장 귀한 것이 무엇이냐?"라는 하나님의 말씀을 듣고 생각해 보니 박사학위가 가장 귀하더랍니다. 하나님이 자신에게 원하시는 바를 알 것 같았지만 차마 "박사를 내려놓겠다"는 말을 할 수 없더랍니다.

하지만 여러 일을 겪으면서 마침내 박사가 되겠다는 생각을 내려놓고 하나님 앞에 항복했답니다. 박사 되겠다는 생각을 내려놓고 오직 자신을 구원하신 하나님이 가장 존귀하시다는 사실을 선포하고 자랑했다고 합니다. 그런데 바로 그 순간 자유와 평화가 임하더랍니다. 그리고 놀랍게도 그 후 박사시험에 합격을 하게 됩니다.

지도 교수에게 쫓겨나는 어려움을 겪은 적도 있었지만 그 일로 인해 가장 앞서 가는 반도체 기술에 관한 학문을 연구할 기회를 잡게 되었다고 합니다. 그는 고난이 너무나도 힘들었지만 그로 인해 큰 은혜와 복을 받았노라고 간증했습니다.

보잘 것 없는 자를 축복의 자리에 서게 하실 분은 오직 하나님이십니다.

"여호와께 능히 하지 못할 일이 있겠느냐?"

우리도 같은 고백을 할 수 있어야 합니다.

하나님은 나를 사랑하시므로 나를 도우러 오실 것입니다.

하나님은 나의 모든 문제보다 크신 전능자이십니다.

하나님은 당신의 때가 되면 반드시 역사하십니다.

하나님은 기다리는 자에게 은혜를 베푸십니다.

그러므로 하나님을 믿는 나는 참으로 행복한 사람입니다.

당신 안에 이 고백이 충만하기를 기원합니다.

설교작성에 있어서 7가지 인물 설교 요점 적용

#1. 구속사적, 그리스도 중심적 해석

본문을 '아브라함이 손님을 대접하다가 복을 받았다'는 이야기로 이해하기 쉽습니다. 그러나 본문의 중심 주제는 이런 것이라고 생각되지 않습니다. 본문의 중심 주제는 보잘 것 없는 아브라함의 가정을 하나님께서 친히 방문해 주셨다는 사실입니다. 그러므로 본문을 연구할 때 우리는 하나님이 그렇게 하신 이유가 무엇인지 살펴보고 그 속에 나타난 진리를 찾는데 힘을 쏟아야 할 것입니다. 우리는 성경의 주인공이 하나님이심을 잊지 말아야 합니다.

#2. 하나님에 대한 반응이라는 관점에서 인물의 행위 해석

하나님이 아들을 주신다는 약속을 주셨을 때, 처음에는 웃어버렸던 아브라함이나 사라의 모습을 통해 하나님의 약속은 처음부터 강한 믿음을 요구한다는 사실을 지적했습니다.

#3. 내러티브 본문에 대한 정당한 해석

아브라함에게 이미 약속을 주신 하나님께서 굳이 왜 다시 그의 가정에 나타나 주셨는지를 전체 문맥의 맥락에서 살펴보는 것이 중요합니다. 그렇게 함으로 본문의 내러티브를 바르게 이해할 수 있습니다.

#4. 효과적인 본문의 제시

본문을 '아브라함이 그의 집 앞을 그냥 지나가려는 손님을 대접하려고 억지로 강권해서 모셔 드린 것'이라고 보기 쉽습니다. 하지만 본문을 자세히 보면 아브라함이 강권하기 전에 손님들이 본래 아브라함을 찾아온 것이었음을 알 수 있습니다.

"눈을 들어 본즉 사람 셋이 맞은편에 서 있는지라."(창18:2)
"당신들이 종에게 오셨음이니이다."(18:5)
또한 아브라함이 단순한 손님을 대접한 것이 아니라 마치 주님을 대접하듯이 이들을 대접했다는 점입니다.
"내 주여 내가 주께 은혜를 입었사오면 원하건대 종을 떠나 지나가지 마시옵고"(3절)
즉, 본문은 단순한 손님 접대를 통해 복을 받은 사건을 묘사한다고 보기에는 적절하지 않은 내용을 담고 있습니다. 아브라함은 자신의 집을 찾아온 이들이 매우 존귀한 사람들이며 최선을 다해 극진히 섬길 대상들인 것을 이미 알고 있었다고 보는 것이 자연스럽습니다. 본문을 연구할 때는 이런 점을 세세히 놓치지 않도록 주의해야 합니다.

#5. 인물의 전기가 되지 않도록 경계

본문을 아브라함이 손님접대를 잘 해서 복 받은 이야기로 이해될 때 본문은 하나님의 자기 계시라기보다 한 인물의 전기처럼 읽히게 됩니다.

#6. 초상황적 적용점 찾기

자기 백성을 사랑하셔서 그들 가까이 찾아오시는 하나님의 역사는 오늘도 동일합니다. 하나님의 백성은 이러한 하나님의 일하심을 믿고 담대히 순종하며 사는 자들이 되어야 할 것입니다.

#7. 시대에 맞는 적실성 있는 적용

비록 힘들고 어려운 일들이 있어도, 약속이 조금 더디게 이루어지는 것처럼 보여도, 여전히 믿음을 지키고 살아가야 한다는 것과, 하나님은 인생의 모든 문제를 능히 풀어 주실 전능자십니다. 이런 사실을 알고 신자는 고난의 시기에 포기하기보다 더욱 기도하며 승리하는 삶을 살아야 할 것입니다.

제10장

하나님이 세우시는 나라!

창세기 18장 16-33절

신앙생활의 기간이 어느 정도 되신 분들이라면, 한 번쯤은 본문에 대한 설교를 들어 보셨을 것입니다. 그렇다면 설교를 듣기도 전에 그 줄거리가 '아브라함의 중보기도'에 관한 것이라고 짐작하실 분들도 계실 것입니다.

혹시 당신도 그렇게 생각하신 것은 아니십니까? 실제로 많은 분들이 본문을 중보기도에 대한 교훈으로 해석합니다. 즉 하나님이 소돔과 고모라를 멸망시킬 계획을 아브라함에게 가르쳐 주시자, 아브라함이 그것을 막기 위해 중보기도를 드렸다는 것입니다.

더 나아가 아브라함이 10명에서 중보기도를 그친 것은 참으로 안타까운 일이었기에 우리는 아브라함처럼 중도에 포기하지 말고 끝까지 중보기도를 해야 한다는 감동적인 교훈까지 덧붙입니다. 혹시 당신도 본문의 의미를 그렇게 이해하고 있는 것은 아닙니까?

우리의 관심이 주로 사람의 행동에 초점이 맞추어져 있을 때 우리는 자연스럽게 본문을 그렇게 이해하게 됩니다.

저는 이 책에서 이미 여러 차례 성경이 하나님의 자기계시라는 점을 잊지 말고 성경을 읽어야 한다는 사실을 지적했습니다. 그러므로 본문을 읽을 때에도 우리는 하나님이 과연 어떤 분이신가에 먼저 관심을 가져야 합니다. 성경을 읽을 때 사람의 행동이나 위대함이 하나님 보다 먼저 관심을 끌지 않도록 주의해야 합니다. 그렇게 되면 성경의 풍성한 내용을 이해하기 힘들게 되고, 본문의 가장 중요한 의미들을 놓칠 위험성이 많기 때문입니다.

사실 본문은 매우 이상한 내용을 담고 있습니다.

아브라함과 및 그의 후손과 더불어 하나님 나라를 세우시는 일에 관한 이야기를 하던 중에 갑자기 소돔과 고모라의 멸망 사건이 불쑥 기록된 이유가 무엇이었을까요?

단지 '아브라함은 중보기도를 열심히 한 사람이니 너희도 그에게 배우라'고 교훈하시기 위함이었을까요?

졸지에 이야기의 흐름이 끊어진 느낌이 들지 않습니까?

도대체 하나님 나라의 이야기를 하다가 무엇 때문에 아무 관런이 없는 것 같은 소돔과 고모라의 멸망 이야기를 해야 하느냐는 것입니다.

아브라함을 통해 새로운 나라를 세우시겠다는 약속을 확인시켜 주시기 위해 나타나신 하나님이 왜 갑자기 소돔을 심판하러 가셔야 했던 것이었을까요?

언뜻 보기에는 하나님이 좌충우돌 하시면서, 이 일 저 일에 정신없어 하시는 것처럼 보이기 쉽습니다. 무엇보다 성경의 기록 자체가 짜임새가 없이 뒤죽박죽, 이 사건 저 사건 생각나는 대로 기록한 잡동사니처럼 보일 수도 있습니다. 그러나 좀 더 자세히 살펴보면, 이 말씀에 하나님 나라를 세우는 과정에 반드시 있어야 할 중요한 내용이 담겨져 있음을 알게 됩니다.

사실 본문에는 하나님 나라의 정신(정체성)이 무엇인지가 드러나 있습니다. 앞 장에서 우리는 하나님이 직접 아브라함을 찾아와 후손을 주신다고 약속하시는 모습에서 아브라함을 존귀하게 여기시고 사랑하시는 하나님의 모습을 살펴보았습니다. 그것을 통해 우리는 하나님의 은혜가 정말 크다는 사실을 깨달았습니다. 그리고 이어지는 본문에서 하나님이 아브라함과 함께 세우실 그 나라의 정신과 성격 그 정체성이 무엇인지를 말씀해 주십니다.

"여호와께서 이르시되 내가 하려는 것을 아브라함에게 숨기겠느냐 아브라함은 강대한 나라가 되고 천하 만민은 그로 말미암아 복을 받게 될 것이 아니냐? 내가 그로 그 자식과 권속에게 명하여 여호와의 도를 지켜 의와 공도를 행하게 하려

고 그를 택하였나니 이는 나 여호와가 아브라함에게 대하여 말한 일을 이루려 함이니라"(17-19절)

하나님께서는 아브라함과 함께 강대한 나라를 세우시고, 그 나라를 통해 천하 만민이 복을 받게 하실 계획을 세우셨습니다.

그런데 그 나라 백성들은 다른 나라 사람들과는 완전히 구별된 삶을 사는 사람들입니다. 그들은 여호와의 도를 지켜 의를 행하고 바른 길을 걷는 자들입니다.

바로 여기에 이 본문의 의미가 있습니다. 하나님은 그동안 아브라함과 함께 나라를 세우시겠다는 말씀은 해 오셨지만, 구체적으로 그 나라가 어떤 정신을 기반으로 하는 나라인지를 말씀하지는 않으셨습니다. 단지 그 나라가 천하 만민에게 복된 나라라는 사실만을 밝혀 주셨을 뿐입니다. 그 나라가 어떻게 천하 만민에게 복이 될 수 있는지를 구체적으로 제시하여 주신 바는 없었습니다. 그런데 바로 그것이 본문에 드러난 것입니다. 그 나라는 하나님의 도를 지켜 의와 공도를 행하는 나라라는 것입니다. 그로 인해 세상 모든 사람들에게 복이 되는 나라라는 것입니다.

이것이 바로 하나님 나라의 정신이며 정체성이라는 것입니다. 비유적으로 말하자면 본문은 마치 "대한민국은 민주 공화국이다."라고 말하는 것과 같은 의미를 담은 것입니다.

"하나님 나라는 의와 공도의 나라이다"

이 말씀을 하신 후에 하나님께서는 소돔과 고모라에 대한 부르짖음이 크고 죄악이 심히 무겁기 때문에 심판하시기 위해 가신다는 사실을 말씀해 주셨습니다. 그리고 소돔에 대한 심판의 말씀을 들은 아브라함의 질문이 시작됩니다.

"주께서 의인을 악인과 함께 멸하려 하시나이까? 그 성중에 의인 오십 명이 있을지라도 주께서 그곳을 멸하시고 그 오십 의인을 위하여 용서하지 아니하시리이까?"(23-24절)

그러므로 아브라함의 질문은 하나님이 말씀하신 그 나라의 정신에 대한 그의 이해를 바탕으로 한 것으로 보아야 마땅합니다. 아브라함은 하나님의 나라의 정신이 "의와 공도를 행하는 것"이라는 말씀을 들었습니다. 그런데 하나님께서 소돔과 고모라를 멸하시겠다고 하십니다. 소돔과 고모라가 멸망하는 것은 분명히 의로운 일에 해당이 됩니다. 그런데 이 때 아브라함에게는 순간적으로 자기 조카 롯이 떠올랐던 것입니다. 그는 자기 조카 롯이 의인임을 알고 있었습니다. 성경이 롯에 대하여 이렇게 진술하고 있기 때문입니다.

"소돔과 고모라 성을 멸망하기로 정하여 재가 되게 하사 후세에 경건하지 아니할 자들에게 본을 삼으셨으며 무법한 자의 음란한 행실을 인하여 고통하는 의로운 롯을 건지셨으니 (이 의인이 저희 중에 거하여 날마다 저 불법한 행실을 보고 들음으로 그 의로운 심령을 상하니라)"(벤후 2:6-8)

성경은 분명히 그가 의로운 사람이라고 말씀합니다. 아브라함은 바로 이 점이 궁금했던 것입니다. 하나님의 나라가 "의와 공도를 행하는 나라"임이 분명하다면, '어떻게 의인과 악인을 함께 멸망시키실 수 있는가?'

아브라함은 하나님 앞에 분명하게 한 번 더 자신의 생각을 정리하여 말씀을 드렸습니다.

"주께서 이같이 하사 의인을 악인과 함께 죽이심은 부당하오며 의인과 악인을 같이 하심도 부당하나이다. 세상을 심판하시는 이가 정의를 행하실 것이 아니니이까?"(25절)

하나님께서는 이런 아브라함의 생각에 동의해 주셨습니다.

하나님은 그 50명으로 인해 그 온 땅을 용서하시겠다고 말씀해 주셨습니다. 아브라함은 계속해서 그 수를 줄여가며 하나님의 생각을 물었습니다.

45명이면, 40명이면, 30명이면, 20명이면, 10명이면 어떻게 하시겠습니까? 이런 아브라함의 질문에 하나님은 다만 10명이 있다 할지라도 그 성을 멸하지 아니하시겠다고 대답해 주셨습니다.

어떤 분들은 아브라함이 좀 더 끈질기게 기도해서 멸망할 성을 구할 수도 있었을 것이라고 합니다.

물론 끈질긴 중보기도의 중요성을 강조하는 것은 매우 좋은 일입니다. 하지만 본문에서 강조되어야 할 사실은 중보기도가 아닙니다. 소돔과 고모라의 멸망을 원치 않아서 아브라함이 중보기도를 한 것으로 본문을 이해한다면, 그가 하나님 보다 훨씬 더 선하고 의로운 사람이라고 주장하는 것이 아니고 무엇이겠습니까? 하나님은 멸망시키고 싶어 안달이 나셨는데, 아브라함은 그에 반대하는 것처럼 보이니 말입니다.

본문은 그런 의미일 수가 없습니다.

소돔과 고모라의 멸망은 분명히 하나님의 공의의 실현이었습니다. 아브라함은 하나님이 공의로 행하고자 하시는 일을 막으려고 한 것이 아닙니다. 아브라함의 마음에 문제가 된 것은 그러한 공의와 공도의 시행이 의인까지 멸망시키는 것이라고 한다면, 그것이 어떻게 공의이며 공도가 될 수 있느냐는 것이었습니다. 그리고 하나님과의 대화를 통해 그의 의문은 자연스럽게 해결이 된 것입니다. 아브라함은 하나님은 결코 의인을 악인과 함께 멸하시는 분이 아니시라는 사실을 깨달았던 것입니다.

이 사실이 중요합니다. 하나님은 의인을 악인과 함께 멸하시지 않으십니다. 반드시 한 사람의 의인이라도 건져내시고 그들을 안전하게 지키십니다. 의인을 사랑하시는 하나님의 마음을 분명하게 확인한 아브라함은 이제 굳이 한 사람이 남기까지 자비를 구하거나, 무조건 용서해 주시라고 간청해야 할 이유가 없었습니다.

이제 본문의 강조점을 중심으로 말씀의 교훈을 다시 정리해 봅시다.

1. 하나님이 세우실 나라는 의와 공도의 나라입니다.

우리가 하나님 나라의 백성들이라고 한다면 우리는 어떻게 살아야 할까요?

우리는 의와 공도(바른 길)를 중시해야 합니다.

세상의 죄와 짝하여 의를 헌신짝처럼 버려서는 안 됩니다.

자그마한 이익 때문에 부정을 행하면 안 됩니다.

신자는 세상 속에서 의로운 삶으로 그 독특성을 유지해야 합니다. 이것이 우리가 이 세상 나라에 속하지 아니하고, 하나님 나라에 속한 자임을 나타내는 표지입니다. 성도들은 자신들이 의와 공도의 삶을 살 책임이 있음을 항상 기억해야 합니다.

아브라함의 간구는 하나님이 말씀하신 의와 공도가 실현되어야 한다는 사실을 믿음으로 고백한 것이었습니다. 우리의 삶이 의를 추구하고 바른 길을 걷는 것이 되지 못한다면 우리는 결코 하나님 나라의 백성답다고 할 수 없을 것입니다.

2. 하나님은 죄악이 관영한 세상 나라를 심판하십니다.

하나님은 의와 공도를 행하는 나라에 복을 주십니다. 하지만 죄악이 관영한 소돔과 고모라와 같은 나라는 심판하십니다. 하나님께서는 왜 소돔과 고모라가 멸망당하는 모습을 보여 주셨을까요?

(1)하나님의 백성이 경외심을 갖고 의와 공도를
행하게 하시기 위함입니다.

이 무서운 광경은 먼저 하나님의 백성들을 경계하게 합니다. 하나님 나라 백성답게 사는 것은 복이 되지만, 그 길을 벗어나면 얼마나 참혹한 일을 겪게 되는지를 보여 주신 것입니다. 오늘날 우리가 세상을 따라 살 수 없는 이유가 여기 있습니다. 세상이 아무리 아름다워 보여도 우리는 세상의 죄악으로부터 벗어나와 의와 공도를 행하는 자리로 나아가야 합니다.

(2)하나님의 심판주 되심을 드러내시기 위함입니다.

하나님이 세상을 다스리시고 심판하십니다. 우리는 모두 하나님 앞에 서게 될 날을 두려워해야 합니다. 우리는 아무렇게나 막 살 수 없습니다. 우리는 거룩하게 살도록 부르심을 받은 자들임을 잊지 말아야 합니다.

오늘날 세상은 타락을 조장하고, 그것을 아름다운 것으로 포장하기까지 합니다. 성적 타락을 부추깁니다. 부정하고 부끄러운 삶을 동경하게 만듭니다. 우리는 이런 때에 정신을 차리고 하나님의 뜻을 좇아야 합니다.

이장호 감독의 중앙일보와의 인터뷰내용입니다.
이 감독은 한국영상자료원에서 선정한 한국영화 톱10에 그의 영화 3편(별들의 고향, 바람 불어 좋은 날, 바보선언)이 선정될 정도의 거장입니다. 그런데 그가 예수를 믿고 장로가 되었습니다.

장로가 된 그는 자신이 만든 영화를 보고 많은 사람들이 영혼을 망치게 된 것을 생각하면 안타깝다는 놀라운 고백을 했습니다. 그는 지난 날 자신을 유명하게 만들어 준 그 작품들이 실상은 어리석은 세상 욕망과 이기심으로 말미암아 만들어 진 것들이었다고 고백했습니다.

우리나라 최고의 영화라고 추앙받는 영화들이 거듭난 그에게는 이제 더 이상 최고의 영화들이 아닌 것입니다. 지금 그는 대중에서 진 빚을 갚는 심정으로 선교 영화들을 만들고 있다고 합니다. 그는 '이제야 제대로 영화를 만들고 있다는 생각이 든다.'고까지 말합니다.

신앙인은 세상을 따라 살아서는 안 됩니다.

오직 하나님의 나라 정신을 따라 살아야 합니다.

3. 단 한 사람의 의인이라도 하나님은 반드시 구원하십니다.

하나님은 결코 의인을 악인과 함께 멸하지 않으십니다. 하나님은 의인들의 삶을 살피시고 지키십니다. 그러므로 선을 행하다가 낙심하면 안 됩니다. 주께서 신원하여 주실 것입니다. 세상의 모습을 보며 마음이 상한 의인들에게 반드시 복을 주실 것입니다.

세상이 우리가 의롭게 사는 것을 조롱합니까?

그들이 조롱하게 내버려 두십시오.

바른 길로 걸어가는 우리에게 어리석다고 손가락질 합니까?

그들이 손가락질하게 내버려 두십시오.

인생을 하나도 재미없게 산다고 비웃습니까?

그들이 비웃도록 내버려 두십시오.

이 모든 것들은 다 거짓말입니다.

세상의 즐거움이란 멸망직전 내일이 없으니 오늘 흥청망청 먹고 마시자 함과 같은 것일 뿐입니다. 마지막 날에 순식간에 사라지고 없어질 것들입니다.

세상의 불의는 모두 심판을 받을 것입니다.

세상의 웃음은 모두 통곡으로 바뀔 것입니다.

세상의 재미는 모두 가슴을 치는 탄식으로 바뀔 것입니다.

우리는 누가 뭐래도 의롭게 살아야 합니다.

하나님이 의인을 구하시기 때문입니다. 그것만이 진짜 삶이고, 영원토록 남을 의미 있는 삶이라는 사실을 기억하시기 바랍니다.

오직 의와 공도의 삶을 사는 사람들만이 주님이 영광 가운데 나타내실 그 날에 놀라운 은혜를 맛보게 될 것입니다. 한 사람의 의인도 결코 잊지 않고 구원하실 하나님 앞에서 우리 삶을 다시 한 번 점검해 보아야 하겠습니다.

설교작성에 있어서 7가지 인물 설교 요점 적용

#1. 구속사적, 그리스도 중심적 해석

본문을 아브라함의 중보기도로 해석하는 경우들이 많습니다. 하지만 그래서는 본문의 온전한 의미가 드러날 수 없습니다. 본문에는 하나님 나라 정체성에 관한 매우 중요한 내용들이 담겨져 있습니다. 하지만 아쉽게도 그 내용들은 거의 주목을 받지를 못해왔습니다. 그리고 주로 아브라함의 중보기도 행위에만 주로 초점이 맞추어져 왔습니다. 하지만 본문의 핵심적인 내용을 알기 위해서는 아브라함의 행동보다 그 나라를 세워 나가시는 하나님의 구속역사 전체의 흐름에 초점을 맞추고 본문을 해석하려고 해야 합니다.

#2. 하나님에 대한 반응이라는 관점에서 인물의 행위 해석

아브라함은 하나님의 나라가 의와 공도의 나라임을 알고서, 의로운 롯이 죄인들과 함께 멸망을 받는다면 어떻게 그것이 의와 공도의 나라일 수 있는지를 질문했습니다. 이것이 본문의 핵심이라고 할 수 있습니다.

의인을 죄인과 함께 멸망시키는 일이 일어나서는 안 된다는 생각을 한 아브라함은 성 안에서 찾아야 할 의인의 수를 줄여가며 질문을 드렸고 그 대화 과정에서 의인들을 죄인들과 함께 결코 멸망시키지 않으실 하나님의 마음을 읽을 수 있었던 것입니다.

#3. 내러티브 본문에 대한 정당한 해석

본문 내러티브는 아브라함의 행위 중심에서 하나님 중심으로 바꾸어 이해해야 합니다. 무엇보다 본문을 성경전체의 구속사적 내러티브의 한 부분으로 이해하는 것이 중요합니다.

#4. 효과적인 본문의 제시

본문의 위치를 알 수 있게 하기 위해 앞서 아브라함에게 하나님이 현현하신 사건과 본문의 연관성이 무엇인지를 한 번 더 살폈습니다. 본문의 의미를 직접적으로 알 수 있게 하는 일은 본문을 바로 이해시키기 위해 매우 중요합니다.

#5. 인물의 전기가 되지 않도록 경계

본문을 중보기도를 교훈하는 것으로 이해하면 아브라함의 인물전기로 해석할 가능성이 높아집니다. 심지어 아브라함이 중보기도를 끝까지 드렸다면 소돔과 고모라는 멸망당하지 않을 수도 있지 않았겠느냐 하는 식의 해석으로까지 나아갈 수도 있습니다. 그렇게 되면 인간의 손에 한 나라의 흥망성쇠가 달렸다고 본문을 해석하는 문제점들이 나타납니다. 하지만 본문은 결코 그런 내용을 담고 있다고 볼 수 없습니다.

#6. 초상황적 적용점 찾기

하나님 나라의 정체성이 '의와 공도가 실현되는 나라'라는 점과 하나님이 심판주가 되신다는 사실은 영원히 변치 않을 진리입니다. 그러므로 우리는 이것을 현실의 삶에 잘 적용하여 의와 공도가 우리 삶의 현장에 실현되도록 노력해야 합니다.

#7. 시대에 맞는 적실성 있는 적용

세상에서 잘되고 성공했다는 것이 과연 하나님 앞에서도 잘되고 성공한 것인지를 살펴야 합니다. 거룩한 삶을 살고자 할 때 그리스도인에게는 세상의 조롱이나 비판이 엄습할 수도 있습니다. 그럴 때에도 그리스도인은 의연함을 잃지 말아야 합니다. 그렇게 함으로 그리스도인은 세상과 구별되고, 빛과 소금이 될 수 있는 것입니다.

제11장

연약한 인간과
하나님의 자비하심

창세기 20장 1-18절

창세기 20장 사건은 우리를 매우 당혹스럽게 만듭니다.

창세기 12장에서 이미 아브라함이 사래를 누이라 하였다가 애굽 왕 바로에게 빼앗길 위기를 경험한 적이 있었기 때문입니다. 그 사건을 통해 아브라함은 하나님의 위대하심을 깨닫고, 그돌라오멜과 그와 함께 한 4개국 연합 군대를 공격해서 롯을 구해 낼 정도로 큰 용기를 나타내 보이기도 했었습니다.

뿐만 아니라 그는 소돔의 멸망을 보면서 심판주 하나님에 대한 두려운 교훈을 얻기도 했습니다. 그런 아브라함이 과거의 어리석었던 행동을 반복한 것입니다. 이미 큰 은혜를 입었음에도 불구하고 도대체 왜 이런 일이 일어났을까요?

〈인간의 연약성〉

1. 관습이 문제입니다.

아브라함 당시에 여성들의 지위는 오늘날과 같지 못했습니다. 이런 당대의 일반적인 관습은 아브라함이 어리석은 결정을 내리는데 핵심적인 역할을 했습니다. 인간은 시대정신의 영향에서 자유롭기가 어렵습니다. 우리는 우리 시대의 일반적인 사고의 틀에서 벗어나기가 어려운 사람들입니다. 그것은 인간의 일반적인 특징 가운데 하나일 것입니다.

최근에 박윤선 박사의 딸이 쓴 "목사의 딸"이란 책이 많은 사람들의 화제가 되었습니다.

박윤선 박사가 부인을 폭행하기까지 했다는 따님의 폭로에 평소 그분을 존경했던 후학들이 크게 놀랐습니다. 그러나 필자는 실제로 그런 일이 있었다 할지라도 그리 놀랄 일이 아니라고 생각합니다. 그도 한국이라는 당시 시대의 영향에서 자유로울 수 없는 보통 사람이라고 생각하기 때문입니다. 박윤선 박사가 신앙의 연륜이 쌓이고 연세가 들어가면서 그런 행동을 그치고 사랑의 삶을 살았다면 그것만으로 그분은 충분히 존경받을 만하다고 생각합니다. 그분 역시 성화의 과정을 거치신 보통의 한국 아버지들 중의 하나일 것이기 때문입니다.

우리가 쉽게 아브라함을 단죄할 수도 있습니다.

하지만 만일 우리가 그 시대에 살고 있었다면 아브라함과 다르게 행동했을 것이라고 자신 있게 말할 수 있을까요?

미국의 경우를 보십시오.

그리스도인들도 흑인들을 대상으로 얼마나 큰 고통을 주었습니까? 여러 그리스도인의 희생적 활동에 의해 흑인들의 권익이 크게 신장되기도 했지만, 당대 많은 그리스도인들은 시대정신의 영향 아래서 죄인 줄도 모르고 흑인 노예들을 재산처럼 부리고 소유했던 것을 부인할 수 없을 것입니다.

이런 문제는 지속적으로 말씀으로 돌아가 자기 삶을 돌아보는 것 외에 다른 해결책이 없습니다. 우리는 시대정신이 항상 정당하다는 생각을 버리고, 바른 그리스도인의 삶이 무엇인지를 마틴 루터 킹 목사와 같이 고민할 줄 아는 사람들이 되어야 합니다.

2. 인간적인 계획이 문제입니다.

아브라함은 처음 고향을 떠날 때부터 이 일을 계획했습니다. "하나님이 나를 내 아버지의 집을 떠나 두루 다니게 하실 때에 내가 아내에게 말하기를 이 후로 우리의 가는 곳마다 그대는 나를 그대의 오라비라 하라 이것이 그대가 내게 베풀 은혜라 하였었노라"(13절)

자기 멋대로 세운 이 계획에 따라 아브라함은 가는 곳마다 아내를 누이라고 소개하는 무책임한 행동을 했던 것입니다. 우리는 쉽게 자신이 세운 계획의 노예가 됩니다. 잘못된 관행이라면 즉시 고치고 바로 잡아야 합니다. 그렇게 하지 못했을 때, 누구라도 이런 어리석은 행동을 할 수 있음을 기억해야 하겠습니다.

3. 두려움이 문제였습니다.

"이곳에서는 하나님을 두려워함이 없으니 내 아내로 말미암아 사람들이 나를 죽일까 생각하였음이요......"(11절)

그의 두려움은 불신앙에서 비롯한 것이었습니다. 하나님이 자신을 지켜 주신다는 확신을 갖지 못했기 때문에 그는 어리석은 일을 하게 되었던 것입니다. 하나님께서는 분명히 아브라함에게 약속하셨습니다.

"아브람아 두려워하지 말라 나는 네 방패요 너의 지극히 큰 상급이니라"(창 15:1)

아브라함이 하나님을 의지하는 모습을 보시고 기쁘셔서 해 주신 말씀이었습니다. 이에 아브라함은 한동안 하나님의 약속을 의지하고 믿음으로 반응했습니다. 하지만 우리가 항상 믿음이 충만한 신앙생활을 하는 것은 아닙니다.

때로는 믿음이 밑바닥에 주저앉기도 합니다. 그럴 때 인생의 문제들을 대하는 우리의 반응은 크게 달라질 수 있습니다. 믿음이 충만할 때에는 전혀 두려워하지 않지만 믿음이 적을 때에는 약한 모습을 드러냅니다. 결국 아브라함은 믿음이 약해진 상황에서 어리석고 부끄러운 일을 반복하고 말았던 것입니다.

4. 부끄러움을 당하는 아브라함

이 일로 인해 아브라함은 큰 수치를 당합니다.

(1)그는 아비멜렉의 책망을 받았습니다.

우리가 바르게 살지 못하면 믿지 않는 사람들에게 책망과 훈계를 듣게 됩니다. 참으로 부끄러운 일입니다. 그런데 그리스도인들이 믿음으로 살지 못하므로 세상의 책망을 받는 일들이 점점 늘어나고 있는 현실은 매우 안타깝습니다.

요나가 하나님의 눈을 피해 다시스로 가는 배를 탔습니다.

그는 배 밑창에 숨어 잠이 들었습니다. 그가 잠든 사이에 큰 풍랑이 일어나 배가 파선할 위기를 맞았습니다. 그 때 선장이 잠든 요나를 찾아 "자는 자여 어찜이뇨? 일어나 네 하나님께 빌라"고 말합니다. 선장의 말이 어리석게 행동하는 우리 시대의 교회들을 향하여 세상이 호소하는 말처럼 들립니다.

"여러분이 어떻게 이런 행동을 할 수가 있습니까?"

(2)그는 궁색한 변명을 해야 했습니다.

아브라함은 사라가 자신의 아내이지만 또한 이복동생이라고 설명을 합니다. 하지만 이런 변명은 궁색해 보일 뿐입니다. 아비멜렉 앞에서 이런 궁색한 변명을 해야 하는 믿음의 조상 아브라함의 모습은 우리를 더 당황하게 만듭니다.

〈하나님의 은혜〉

하지만 이런 어리석은 행동에도 불구하고 아브라함에게 베풀어 주시는 하나님의 은혜는 정말 놀랍습니다. 본문은 아브라함을 향해 영원한 은혜와 사랑을 베풀어 주시는 하나님의 모습이 그 중심을 이루고 있습니다.

1. 은혜의 기초인 언약

하나님은 아비멜렉이 사라를 데려가자 즉시 그에게 현몽하셨습니다.

"그에게 이르시되 네가 데려간 이 여인으로 말미암아 네가 죽으리니 그는 남편이 있는 여자임이라"(3절)

아브라함은 사라를 누이라 하였지만, 하나님은 아비멜렉에게 사라가 아브라함의 아내임을 밝혀 주시고, 그를 범하지 못하게 하셨습니다.

아브라함은 사라를 지켜주지 못했지만, 하나님은 약속하신 대로 사라를 지키시고 보호하여 주신 것입니다. 하나님께서 이처럼 사라를 보호해 주신 이유는 무엇일까요? 아브라함의 믿음 때문이었을까요? 아니면 그의 특별한 요청이 있었기 때문일까요?

하나님이 사라를 보호하신 것은 오직 언약에 신실하신 하나님의 성품 때문이었습니다.

하나님은 이미 사라가 아브라함의 씨를 잉태할 것이고, 열국의 어미가 될 것이라고 약속하셨습니다. 그런데 사라가 아비멜렉의 아내가 된다면, 그 약속은 지켜지지 못할 위기였습니다. 그러므로 하나님께서 즉시 역사에 개입하셔서서 당신의 뜻을 이루신 것입니다. 우리는 이처럼 언약에 신실하신 하나님을 찬양해야 할 것입니다.

2. 하나님의 오래 참으심

하나님은 사람이 한 번 넘어진다고 금방 그를 포기하거나 버리지 않으십니다. 아브라함이 넘어져도 다시 일으켜 세워주시고 그를 합당하게 사용하셨습니다. 이처럼 어리석은 사람들을 오래 참아 주심이 하나님의 특별한 은혜입니다.

3. 자기 백성을 축복의 통로로 세우시는 하나님

하나님께서는 아비멜렉이 사라를 데리고 가자 즉시 그 집안의 태를 닫는 징계를 내리셨습니다. 이것은 사라를 지키시기 위한 일종의 비상조치였습니다. 태를 닫았다고 한 것으로 보아 '아비멜렉의 집안에 임신과 관련된 모든 기관들에 남녀를 막론하고 병이 생긴 것이 아닐까?'라는 생각이 됩니다. 본문에 아비멜렉이 사라와 함께 하지 못했다고 하는 것에서도 이러한 사실들을 유추해 볼 수 있습니다.

그리고 더 나아가 하나님께서는 그들의 닫힌 태의 문을 아브라함의 기도로 다시 열리게 하셨습니다. 아마도 아브라함의 기도를 들으시고 즉각적인 치유의 기적을 베푸신 것을 의미하는 말씀이 아닐까라는 생각이 듭니다.

도대체 아브라함이 이런 은혜를 입을 자격이 있습니까? 아브라함은 사실 너무나도 부족한 사람이 아닙니까? 도무지 이런 사랑을 받을 이유가 없는 사람이 아닌가요? 하지만 하나님께서 그를 일방적으로 사랑하셨습니다. 그리고 그를 통해 놀라운 일을 이루셨습니다.

〈오늘을 살아가는 우리를 향한 교훈〉

1. 우리가 얼마나 연약한 존재인지를 항상 기억해야 합니다.

인간은 참으로 연약한 존재입니다. 우리는 사람들의 관습과 계획과 두려움에 묶여 노예처럼 살 때가 많습니다. 누구라도 '나는 이 모든 것과 상관없이 산다.'고 말할 수 없을 것입니다.

(1)그러므로 자신을 의지하지 말아야 합니다.

굉장한 은혜를 입었고, 특별한 경험도 한 아브라함도 다시 넘어질 수 있었습니다. 하물며 우리들은 어떠하겠습니까? 그러므로 자신을 의지하는 어리석은 일을 그치고, 늘 주님의 은혜만 의지해야 합니다.

(2)넘어진다 할지라도 지나치게 낙심하지 말아야 합니다.

우리는 모두 넘어질 수 있는 연약한 자들이기에 하나님을 의지합니다. 우리가 완전하여 결코 넘어지지 않는다면 하나님을 의지할 필요도 없을 것입니다. 자주 넘어지면서도 부끄러운 줄 모른다면 문제겠지만, 인생이 넘어짐이라는 과정들을 통해 성숙하는 존재인 것을 알고, 낙심하기보다 주님 안에서 다시 힘을 낸다면 그것은 아름다운 일입니다.

(3)항상 겸손하기를 힘써야 합니다.

자신의 연약함을 아는 사람은 스스로 겸비합니다. 반면 자신이 대단한 존재인 줄로 착각하는 사람들은 교만합니다. 그렇기에 우리는 은혜가 없으면 아무 것도 아니라는 사실을 알고 항상 겸손해야 합니다.

2. 하나님의 은혜만이 우리가 기댈 유일한 언덕이라는 사실을 잊지 말아야 합니다.

연약한 인생을 끝까지 참으시고, 언약을 지키시기 위해 약속하신 방향으로 이끌어 가시는 하나님의 은혜가 아니라면, 아브라함은 결코 믿음의 조상이 될 수 없었을 것입니다. 하나님은 그를 끝까지 지켜 주셨습니다. 우리도 오직 하나님의 은혜로만 사는 자들임을 잊지 말아야 합니다. 그 은혜만이 우리가 기댈 언덕입니다.

3. 교회가 이 시대를 위한 유일한 복의 통로입니다.

이 시대 교회의 모습은 정말 부끄럽습니다.

여기저기 온통 상처뿐입니다. 그래도 우리가 잊지 말아야 할 사실은 하나님께서 여전히 이 시대를 치료할 유일한 복의 통로로 교회들을 사용하신다는 것입니다. 이 세상이 아무리 교회를 폄하하고 스스로를 높일지라도, 결코 변하지 않는 사실이 있습니다. 그것은 죄란 질병을 치유할 방법이 세상에는 없다는 것입니다.

인간의 힘으로 죄와 그 영향을 이길 수 있는 길은 없습니다. 오직 예수 그리스도의 십자가 사랑만이 이 시대의 죄 문제를 근본적으로 해결할 수 있는 길입니다. 비록 교회의 모습이 부끄럽다 해도, 교회만이 희망이요 복의 통로인 것을 우리는 잊지 말아야 합니다.

4. 하나님의 역전케 하시는 은혜를 기대하며 살아야 합니다.

하나님께서는 사라의 일로 인해 아브라함이 아비멜렉에게서 많은 것을 받아 누리게 하셨습니다. 정말 놀라운 반전이 아닐 수 없습니다. 책망을 받아야 할 것 같은데, 도리어 복을 받은 것입니다. 하나님은 아브라함의 수치가 복이 되도록 변화시켜 주셨습니다. 하나님은 능히 역전의 은혜를 베푸시는 분이십니다.

하나님은 불가능도 가능케 하시고, 불리한 상황들을 유리하게 변화시킬 수 있으십니다.

오늘 우리들의 수치를 영광으로 바꿀 수 있으십니다.

오늘 우리의 절망과 어둠을 내일의 소망과 빛으로 바꿀 수 있으십니다.

그러므로 신자는 끝까지 인내해야 합니다.

그리하여 마침내 믿음의 승리를 맛보아야 합니다.

우리 모두 그 은혜의 자리에 설 수 있어야 하겠습니다.

연약한 인간에게 자비를 베풀어 주시는 하나님을 의지하며 날마다 승리하는 삶을 살아가야 하겠습니다.

설교작성에 있어서 7가지 인물 설교 요점 적용

#1. 구속사적, 그리스도 중심적 해석

구속의 역사를 완성시키는 일이 만일 사람에게 달린 것이었다고 한다면, 결코 이루어질 수 없었을 것입니다. 아브라함의 어리석은 행동이 그것을 충분히 증거합니다. 다행히도 구속의 역사는 아브라함이 아니라 하나님이 완성 하십니다. 그러므로 구속의 역사는 완성될 수밖에 없는 것입니다.

본문은 하나님 나라의 역사가 진행되는 과정에서 인간의 실수와 어리석은 행동에도 불구하고 흔들림 없이 당신의 나라를 세워 가시는 하나님의 일이 그 중심을 이루고 있습니다. 세상의 영향 아래 있는 아브라함이 여러 어리석은 행동을 해도 하나님의 언약은 흔들림이 없이 성취되었습니다. 이것이 본문의 핵심 내용입니다.

#2. 하나님에 대한 반응이라는 관점에서 인물의 행위 해석

아브라함은 자신의 어리석음에도 불구하고 자신과 사라를 보호하여 주시는 하나님의 은혜를 알고 담대하게 아비멜렉의 가정을 위하여 축복했습니다. 그는 일종의 제사장으로서의 역할을 수행한 것입니다. 신자는 이처럼 하나님의 은혜 안에서 자신의 존귀한 자리를 찾을 줄 아는 자들이어야 합니다.

#3. 내러티브 본문에 대한 정당한 해석

흔히 본문 내러티브를 아브라함이 거짓말을 함으로 어려움을 당했는데 하나님이 그를 건져 주셨다는 내용으로 이해합니다. 그래서 본문의 교훈을 "거짓말을 하지 말자."는 것으로 생각하는 경우들이 많습니다.

그러나 본문을 그와 같이 도덕적이고 윤리적인 교훈으로만 이해하려 해서는 안 됩니다. 만일 본문의 내러티브를 아브라함의 거짓말과 그 결과를 교훈하는 말씀으로 이해한다면, 도무지 말이 되지 않는 부분이 있습니다.

결국 본문의 내용이 아브라함은 거짓말을 통해 복을 받았다고 할 수밖에 없기 때문입니다. 그것은 성경의 다른 부분과 조화가 되지 않습니다. 도리어 본문은 하나님 나라가 세워지는 과정에서 연약한 인간은 결코 그 중심이 될 수 없음을 드러내고, 동시에 오직 하나님만이 그 나라를 언약하신대로 세우시는 분이심을 증거하는 것으로 이해되어야 마땅할 것입니다.

#4. 효과적인 본문의 제시

본문에 대한 선입견 때문에 그 내용을 '아브라함의 거짓말'에 대한 교훈으로 이해한다면, 언약에 신실하신 하나님은 잘 드러날 수가 없게 됩니다. 설교자가 이런 점을 먼저 파악할 때에 비로소 효과적인 본문 구성을 할 수 있을 것입니다.

#5. 인물의 전기가 되지 않도록 경계

만일 본문을 아브라함의 거짓말을 중심으로 다루게 된다면 자연스럽게 그 설교는 인물전기가 되고 맙니다. 설교자는 인물의 전기가 아니라 하나님을 드러내는 설교가 되도록 늘 주의해야 합니다.

#6. 초상황적 적용점 찾기

하나님이 언약에 신실하신 분이시라는 사실은 변할 수 없습니다. 그 신실하신 하나님이 택하신 백성을 사랑하셔서 은혜를 베푸시고, 때로 넘어졌을 때에도 다시 일으켜 세우시는 분이라는 사실도 변할 수 없는 진리입니다. 이런 사실들은 오늘을 살아가는 우리들에게도 은혜와 위로가 됩니다.

#7. 시대에 맞는 적실성 있는 적용

아브라함처럼 시대의 영향을 받을 수밖에 없고, 부끄러운 모습을 하고 있는 이 시대 교회들이 다시 한 번 하나님의 은혜를 의지하고 일어서야 하겠습니다.

제12장

말씀하신대로
행하시는 하나님의 은혜

창세기 21장 1-7절

혹시 오랜 세월 기다리던 약속이 마침내 이루어지는 감격을 맛
보신 적이 있습니까?

그 감격은 말로 표현하기 어려울 것입니다. 사라는 아브라함과
결혼한 후 하루도 마음 편할 날이 없었을 것입니다. 당대 중동지
역의 여인들에게 아이를 낳지 못하는 것은 가장 수치스러운 일
중의 하나였기 때문입니다.

그런 사라에게 하나님이 아이를 주시겠노라 약속하셨습니다.
불가능한 일이라 생각했기에 웃어버렸는데, 하나님은 또 다시 아
이를 주시겠다고 약속하셨습니다. 그리고 점점 배가 불러왔고 마
침내 아들이 태어났습니다. 90이 넘은 할머니가 아들을 낳은 것
입니다.

한 사람의 여인으로 평생 꿈꾸었던 일이 이루어졌습니다. 그 감동을 어떻게 다 표현할 수 있었겠습니까? 도대체 무엇 때문에 아브라함의 가정에 이런 은혜와 복이 임했을까요?

1. 약속의 말씀이 모든 은혜와 복의 근거였습니다.

아브라함과 사라의 삶에 은혜가 임하는 가장 중요한 통로는 하나님의 말씀이었습니다. 본문에서 가장 강조되고 있는 것은 바로 그 약속의 "말씀"입니다.

하나님은 "말씀하신 대로" 사라를 돌보셨습니다.
"말씀하신 대로" 사라에게 행하셨습니다.
말씀하신 시기에 아브라함에게 아들을 주셨습니다.
말씀하신 대로 이삭을 주셨습니다.

(1) 이 일은 아무도 생각하지 못한 일이었습니다.

사라의 고백을 보시기 바랍니다.
"사라가 자식들을 젖먹이겠다고 누가 아브라함에게 말하였으리요 마는 아브라함의 노경에 내가 아들을 낳았도다"(7절)
인간의 힘으로는 불가능한 일이었습니다.
이미 경수가 끊어진 여인에게 일어날 수 있는 일이 아니었습니다. 그러나 하나님께서 죽은 자를 다시 살리시듯이 사라의 죽은 태에 생명을 불어 넣어 주신 것입니다. 주님이 일하실 때, 인간의 생각은 별 의미가 없습니다. 사람들이 자기 생각대로 이런저런 말을 할 수 있습니다. 하지만 주님이 일하고자 하신다면, 사람들의 생각이나 말은 사실상 아무 의미도 없는 것입니다.

혹시 사람들이 "이제 당신의 사업은 다 망했다"고 합니까?
"당신 자식은 더 이상 소망이 없다"고 말합니까?
"당신의 질병은 나을 길이 없다"고 말합니까?

하나님이 하시고자 하시면, 그 모든 인간의 말들은 아무 소용이 없는 것입니다. 사라의 임신과 출산은 아무도 생각할 수 없는 일이었습니다. 하지만 하나님이 그 일을 말씀하셨고, 그대로 되었습니다.

(2) 하나님의 말씀은 살았고 운동력이 있습니다.

하나님의 말씀은 그냥 해 보시는 말씀이 아닙니다. 인간의 말은 아무런 효력도 없는 것들이 너무나 많습니다. 하지만 하나님의 말씀은 반드시 그 효력이 나타납니다. 하나님은 일단 말씀하시면 반드시 이루시는 분이십니다. 하나님의 말씀은 능력입니다.

주님이 말씀하시면 죽은 나사로도 무덤 밖으로 걸어 나와야 합니다.

주님이 말씀하시면 갈릴리 호수의 물고기들은 한 곳으로 모여야 합니다.

주님이 말씀하시면 사나운 풍랑도 순종해야 합니다.

하나님은 말씀하신 대로 사라를 돌보셨습니다.
말씀하신 대로 때가 되매 아들을 주셨습니다.

우리 인생을 말씀하신 대로 돌보실 것입니다.
우리 꿈을 말씀하신 때에 이루어 주실 것입니다.

(3)말씀의 성취를 통해 하나님은 믿는 자들에게 기쁨을 주십니다.

하나님의 말씀이 성취되는 날은 기쁨이 충만한 날입니다.
"사라가 이르되 하나님이 나를 웃게 하시니 듣는 자가 다 나와 함께 웃으리로다"(6절)

이 구절에서 우리는 하나님이 말씀대로 행하여 주신 것이 사라에게 얼마나 큰 기쁨이 되었는지를 알 수 있습니다. 나이가 들면 별로 웃을 일이 없어진다고들 말합니다. 그런데 아브라함의 나이 100세 그리고 사라의 나이 90세에 하나님은 그의 집에 큰 기쁨을 주신 것입니다.

주께서 말씀의 성취를 통하여 당신의 삶도 놀라운 기쁨으로 가득 채워 주시기를 바랍니다. 우리의 가정과 사업과 직장과 자녀와 모든 꿈들 가운데 하나님의 말씀의 약속들이 성취되어 기쁨이 가득해야 하겠습니다.

2. 말씀하신 대로 행하시는 하나님을 믿는 자들은 말씀대로 살기를 힘쓸 것입니다.

하나님이 말씀하신 대로 행하심을 아는 아브라함과 사라의 반응이 매우 흥미롭습니다. 아브라함은 태어난 아이의 이름을 이삭이라고 했습니다. 하나님이 그렇게 지으라 말씀하셨기 때문입니다.

"네 아내 사라가 네게 아들을 낳으리니 너는 그 이름을 이삭이라 하라"(창 17:19)

아브라함은 하나님이 명령하신 대로 아이에게 할례를 행하였습니다.

"그 아들, 이삭이 난 지 팔 일 만에 그가 하나님이 명령하신 대로 할례를 행하였더라"(21:4)

이 일이 당연한 것이라 생각하십니까?

100세에 낳은 자식입니다. 얼마나 소중하겠습니까? 금이야 옥이야 키울 자식입니다. 분명히 하나님이 주신 선물이라고 하면서도 우리는 얼마나 자주 내 자식이라고 생각합니까? 그래서 하나님의 뜻과 상관없는 삶을 사는 것입니다.

아브라함의 입장에서 생각해 봅시다. 할례가 무엇입니까? 이 소중한 자식의 살을 칼로 찢는 것입니다. 이 소중한 자식의 몸에 상처를 내는 것입니다.

그것은 힘든 일이었습니다. 그러나 아브라함은 하나님이 명령하셨기에 말씀하신 대로 행하였다는 것입니다.

(1) 그러므로 아브라함이 이삭에게 할례를 행한 것은 믿음의 표현이었습니다.

즉 이 귀한 자식이 내 힘으로 태어난 것이 아니라는 것입니다. 하나님이 약속으로 말미암아 주신 자식이라는 것입니다.

(2)내 삶에서 가장 소중하신 분은 하나님이시라는 것입니다.

그 귀한 자식의 몸에 할례를 행하는 일은 마음 아픈 일이었지만, 주님의 명하신 대로 할례를 행하는 자세를 통해 자신의 인생에 가장 소중한 분은 오직 하나님뿐이심을 고백하는 것입니다.

3. 말씀의 적용

(1)하나님은 여전히 말씀대로 행하시는 분이십니다.

아브라함에게 말씀하신 대로 이삭을 주신 것처럼, 하나님은 이스라엘에게 말씀하신 대로 아브라함의 씨인 예수 그리스도를 보내 주셨습니다. 사라를 통해 이삭이 태어난다는 사실을 아무도 기대할 수 없었던 것처럼, 처녀인 마리아를 통해 예수 그리스도가 나신다는 사실도 아무도 기대할 수 없는 일이었습니다.

하나님이 여자의 후손을 보내 주시겠다고 하셨지만 사람들은 어떻게 여자의 후손이 태어날 수 있는지 궁금하게 여길 뿐이었을 것입니다. 하지만 하나님께서는 당신의 때에 말씀하신 대로 예수님을 이 땅에 보내셨습니다.

"때가 차매 하나님이 그 아들을 보내사 여자에게서 나게 하시고…"(갈 4:4)

예수님의 삶은 구약의 모든 예언들의 성취였습니다.

하나님은 구약의 예언을 통해 예수님이 누구의 계보를 통해, 어느 곳에서, 어떤 방식으로, 탄생할 것인지 그리고 어떻게 배신을 당하실 것이며, 어떻게 죽으실 것인지에 대해 상세히 말씀해 주셨습니다. 예수님이 오실 것에 대해 300번이 넘는 예언의 말씀이 성경에 기록되어 있다고 합니다.

죠시 맥도웰은 확률학으로 볼 때 예수님에 대한 이 많은 예언들 중에서 단지 48가지 정도가 한 사람에게서 성취될 가능성을 10,157 분의 1이라고 했습니다. 즉 도무지 불가능한 확률이었다는 것입니다. 그러나 하나님은 이 모든 일들을 말씀대로 행하신 것입니다.

우리는 말씀대로 행하시는 하나님을 잊지 말아야 합니다. 하나님은 사라의 삶에 말씀의 약속대로 이삭을 통해 구원의 은혜를 베푸셨습니다. 그처럼 우리의 삶에도 말씀대로 구원의 은혜를 베푸실 것입니다. 후에 바울은 이렇게 진술했습니다.

"형제들아 너희는 이삭과 같이 약속의 자녀라"(갈 4:28)

하나님께서는 말씀대로 이 땅에 주의 나라를 세우실 것입니다. 우리는 하나님의 은혜를 잊지 말아야 합니다. 하나님은 아무도 믿지 못할 일을 행하셨습니다. 하나님이 말씀대로 행하심으로 우리 안에 기쁨을 주신다는 확신을 놓치지 맙시다.

(2) 이 사실을 믿는다면 우리도 아브라함처럼 말씀대로 살기를 힘써야 합니다.

미국 트리니티 신학대학원의 벤 후저 교수의 특강 중에 이런 내용이 있었습니다.

미국의 젊은이들을 조사해 보았는데 놀라운 사실이 발견되었답니다. 의외로 그들의 믿음이 매우 좋더라는 것입니다.

그런데 문제가 있었습니다. 그들의 믿음이 전혀 바른 교리에

근거한 것이 아니더라는 것입니다. 그는 미국 젊은이들의 믿음을 '질병에 걸린 믿음'이라고 표현했습니다. 그리고 그 질병의 이름을 MTD라고 했습니다.

이것은 모럴리티(morality)와 세라퓨틱(theraputic) 그리고 데이즘(deism)이라는 말의 약자라고 했습니다. 모럴리티병(病)은 하나님이 기뻐하시는 것은 도덕적으로 좀 더 괜찮은 사람이 되는 것이라고 생각하고 나름대로 열심히 살면서 자신의 의를 세워 나가는 것을 신앙생활이라고 착각하는 것입니다.

세라퓨틱병(病)은 하나님은 우리의 행복을 원하신다고 전제하고, 행복하게 살지 못하는 것은 결코 하나님의 뜻이 아니라고 믿는 것입니다. 그리고 데이즘병(病)은 자신이 필요할 때만 하나님의 필요를 인정하고 그렇지 않을 때는 관심을 갖지 않는 것입니다.

문제는 미국의 젊은이들이 가진 이런 믿음은 전혀 성경적이거나 교리적인 것이 아니라는 사실에 있습니다. 이런 믿음은 도리어 신앙생활을 방해할 뿐입니다. 사람들은 더 이상 하나님이 말씀하신 것을 중요하게 여기지 않습니다. 사람들은 자신의 행복과 자신의 꿈 자신의 소망과 같은 것들만을 소중하게 여깁니다. 그러나 말씀대로 행하시는 하나님을 믿는 자들은 달라야 합니다. 그들은 말씀대로 살기를 힘쓰는 자들이 되어야 합니다.

시편1편의 기자는 이렇게 말했습니다.

"복 있는 사람은... 오직 여호와의 율법을 즐거워하여 그의 율법을 주야로 묵상하는도다 그는 시냇가에 심은 나무가 철을 따라 열매를 맺으며 그 잎사귀가 마르지 아니함 같으니 그가 하는 모든 일이 다 형통하리로다"(시 1:2,3)

"내가 주의 법도들을 지키므로 나의 명철함이 노인보다 나으니이다"(시 119:100)

"주의 법을 사랑하는 자에게는 큰 평안이 있으니 그들에게 장애물이 없으리이다"(시 119:165)

우리는 이 시대에 주의 말씀이 우리에게 요구하는 것이 무엇인지를 진지하게 연구해야 합니다. 마땅히 행할 바가 무엇인지 성경의 교훈을 통해 깨달아야 합니다.

말씀하신 대로 주님이 다시 오실 것입니다.

말씀하신 대로 우리를 위한 처소를 예비하여 주실 것입니다.

말씀하신 대로 주의 말씀을 믿고 생명 다해 지킨 자들에게 영원한 상을 주실 것입니다.

우리의 믿음은 결코 헛되지 않습니다.

만왕의 왕이시오 만주의 주께서 우리와 함께 하실 것입니다.

그 날까지 승리하시길 진심으로 기원합니다.

♬"세상 사람들 우리들을 보며
어리석다고 조롱하지만
이 길을 가는 자마다 영원히 주와 살리라."♬

설교작성에 있어서 7가지 인물 설교 요점 적용

#1. 구속사적, 그리스도 중심적 해석

하나님은 약속하신 대로 행하시는 분이십니다. 본문은 그렇게 해석되어야 합니다. 설교자는 하나님은 약속하신대로 행하심으로 자기 백성에게 큰 기쁨을 주시는 분이시라는 사실을 중심으로 말씀을 이해해야 할 것입니다.

#2. 하나님에 대한 반응이라는 관점에서 인물의 행위 해석

아브라함이나 사라는 말씀대로 행하시는 하나님 앞에 온전히 순종합니다. 이것은 신실하게 일하시는 하나님을 믿는 신자들의 자연스러운 반응입니다.

#3. 내러티브 본문에 대한 정당한 해석

본문 내러티브를 약속의 말씀을 주시고 그대로 행하시는 하나님을 중심으로 구성하고, 그에 대해 아브라함과 사라가 어떻게 반응하는가를 살펴보았습니다.

#4. 효과적인 본문의 제시

본문을 이해하기 위해 특별히 반복되는 구절에 관심을 기울임으로 핵심 내용을 구별하였습니다.

#5. 인물의 전기가 되지 않도록 경계

본문을 자녀를 낳은 아브라함과 사라의 기뻐하는 모습만을 중심으로 해석한다면 인물의 전기가 되고 말 것입니다.

#6. 초상황적 적용점 찾기

하나님이 말씀하시고 그대로 행하시는 분이시라는 사실은 영원히 변치 않을 진리입니다. 이것을 알고 말씀 안에서 바른 미래를 꿈꾸는 자들에게 반드시 약속하신 미래의 은택들이 임할 것입니다.

#7. 시대에 맞는 적실성 있는 적용

말씀의 권위를 떨어뜨리고 인간의 생각만 따르는 사람들에게 본문은 말씀대로 살아가는 삶이 얼마나 중요한지를 다시 한 번 생각하게 하는 교훈이 될 것입니다.

제13장

쫓겨난
하갈과 이스마엘

창세기 21장 8-21절

이삭이 태어난 후 젖을 뗄 정도의 시간이 흘렀습니다.

당시 이스라엘 사람들은 3-5세 정도가 되면 젖을 떼었다고 하니 이삭도 그 정도의 나이가 되었을 것입니다. 그렇다면 당시 이스마엘은 18세 가량의 청년이 되었으리라 예상이 됩니다. 아브라함은 기쁨으로 큰 잔치를 준비했습니다.

그런데 잔칫날에 한 사건이 벌어졌습니다. 이스마엘이 이삭을 놀린 것입니다. 그런데 여기서 놀렸다는 표현은 그저 단순하게 어린아이를 희롱하는 정도의 일을 의미하지 않습니다. 후에 바울은 이 사건에 대하여 다음과 같이 해석을 했습니다.

"형제들아 너희는 이삭과 같이 약속의 자녀라 그러나 그 때에 육체를 따라 난 자가 성령을 따라 난 자를 박해한 것 같이 이제도 그러하도다 그러나 성경이 무엇을 말하느냐? 여종과 그 아들을 내쫓으라 여종의 아들이 자유 있는 여자의 아들과 더불어 유업을 얻지 못하리라 하였느니라 그런즉 형제들아 우리는 여종의 자녀가 아니요 자유 있는 여자의 자녀니라"(갈 4:28-31)

이스마엘은 단순히 장난을 친 것이 아니라 이삭을 박해했던 것입니다. 이를테면 첩의 아들이 정실부인의 아들에게 고통을 준 것입니다. 그런데 마침 그 때 사라가 이 장면을 보았습니다. 크게 노한 사라는 아브라함에게 "이 여종과 그 아들을 내 쫓으라"고 요구합니다. 사라는 종의 아들인 이스마엘은 이삭과 함께 기업을 얻을 수 없다고 주장했습니다.

이 일이 아브라함에게 큰 근심이 되었습니다.

어찌되었든지 이스마엘도 그의 자식이요, 이삭이 태어나지 않았을 때, 그의 유일한 위로와 기쁨인 아들이었기 때문입니다. 그러니 고심이 깊을 수밖에 없었습니다. 그런데 고민하는 아브라함에게 하나님이 나타나셔서 이렇게 명령하셨습니다.

"네 아이나 네 여종으로 말미암아 근심하지 말고 사라가 네게 이른 말을 다 들으라. 이삭에게서 나는 자라야 네 씨라 부를 것임이니라."(12절)

그리고 하나님께서는 마음 아파할 아브라함을 위로해 주셨습니다.

"그러나 여종의 아들도 네 씨니 내가 그로 한 민족을 이루게

하리라"(13절)

결국 아브라함은 하나님의 명령에 따라 하갈과 이스마엘을 자기 장막에서 내어 보냅니다. 그들에게 주어진 것은 떡과 물 한 가죽부대 밖에 없었습니다. 아브라함이 이들을 이렇게 내 보낸 이유는 하나님의 약속을 믿은 까닭이었습니다. 즉 하나님이 그들을 돌보시고 한 민족을 이루게 하시겠다고 약속하신 말씀을 믿었기에, 그는 하갈과 이스마엘 모자를 내어 보냈던 것입니다.

그들은 브엘세바 부근의 광야를 헤매다가 물이 다 떨어져 사경을 헤매게 됩니다. 하갈은 아이와 마주 앉아서 소리 내어 울 수밖에 없었습니다. 바로 그 때에 그 울음소리를 하나님이 들으셨습니다. 그리고 그녀를 위로해 주셨습니다. 그리고 미래가 걱정스러울 그녀에게 이스마엘이 큰 민족을 이루게 될 것이라고 약속해 주셨습니다.

뿐만 아니라 그녀의 눈을 밝히 열어 샘물을 보게 하심으로 생존할 수 있게 하셨습니다. 결국 이스마엘은 광야에 거주하며 활 쏘는 자로 성장했고, 장성하여서는 애굽 여인을 아내로 맞이하여 한 부족을 이룹니다.

이 말씀이 우리에게 주는 교훈이 무엇일까요?

우선 이 말씀을 인간적 교훈의 하나로 읽거나 이해하지 않도록 주의해야 합니다. 사회개혁에 관심이 있는 사람들은 본문의 내용에서 남성 중심의 가부장적 사회 구조의 잘못을 지적하고 싶을지도 모르겠습니다.

가정 사역에 관심이 있는 분들은 사라와 하갈의 갈등을 중심으로 부부생활의 성결성에 대해 말하고 싶을지도 모릅니다. 정실부인의 자식과 첩의 자식 간의 다툼도 사람들에게는 이야기하기좋은 소재들이 될 수 있을 것입니다. 뿐만 아니라 서로 갈등함으로 일어난 비극적인 삶의 모습을 가지고 진실한 사랑에 대해 이야기 할 수도 있을 것입니다.

하지만 이 모든 것들은 본문의 중심적인 내용이 아닙니다.

전체의 맥락에서 본문의 이야기만 따로 떼어 마음대로 이해하면 안 됩니다. 사실 성경의 모든 이야기들은 하나님의 구속역사라는 큰 줄기에 연결이 된 가지들과 같습니다. 그러므로 본문을읽을 때에도 구속의 역사 속에서 본문이 뜻하는 바가 무엇인지를 생각하며 읽어야 합니다.

우리는 바벨탑 사건을 통해 인간의 나라를 세워, 인간의 이름을 높이고자 하는 사람들의 계획이 실패했음을 알았습니다. 바벨탑 사건 이후에 하나님은 아브라함과 새로운 나라를 세우시겠다고 약속하셨습니다. 하나님이 세우실 새나라는 전적으로 하나님의 주도하에 세워지는 나라여야 했습니다. 큰 민족을 이루게 하시고, 약속하신 땅을 주시며, 그 나라를 다스리시는 모든 일을 오직 하나님이 하실 일이었습니다. 그 가운데 오직 하나님만이 영광을 받으셔야 했습니다.

이런 하나님의 모든 약속은 다윗 왕 때에 물리적으로 성취되었습니다. 그리고 마침내 예수 그리스도를 통해 영원히 완성되었습니다. 바로 그 나라를 세우는 일련의 과정들이 성경의 역사라고 할 수 있습니다.

그런데 그 나라를 세우는 과정에서 하나님은 많은 사람들을 사용하십니다. 그들은 하나님의 약속을 신실하게 믿고 순종함으로 그 나라의 일을 하는 자들입니다. 그것이 그들에게 의로움이 됩니다. 아브라함은 하나님의 언약을 믿었습니다. 그 모든 것이 그의 의로 여김 받았습니다.

바로 여기서 믿음으로 의롭다 함을 받는 도리가 나옵니다. 믿음으로 의롭다 함을 받는다는 것은 우리의 공로가 아니라 오직 하나님의 은혜로 구원이 이루어진다는 뜻입니다. 하나님 나라에 참여하는 일에는 우리의 공로가 전혀 필요하지 않습니다.

그래서 이삭도 하나님은 아브라함이나 사라의 힘으로는 절대로 자식을 생산할 수 없는 때에 주신 것입니다. 즉 그 나라를 세우는 모든 일은 오직 하나님의 손에 달린 것을 알게 하신 것입니다. 그러므로 우리는 구속의 역사 전체에서 본문이 전하고자 하는 이야기가 무엇인지를 파악할 필요가 있습니다. 과연 그것은 무엇일까요?

1. 언약의 축복에 참여하는 길은 오직 믿음으로 순종함에 있다는 것입니다.

이스마엘은 육신적으로 아브라함의 장남이었습니다.

하지만 이삭이 태어나면서부터 자신의 위치가 흔들리는 것을 금방 알 수 있었을 것입니다. 사람들의 관심은 이삭에게로 쏠려갔고, 이런 상황을 그는 참을 수 없었습니다.

이스마엘이 아브라함의 집에서 쫓겨난 이유가 무엇입니까?

그가 첩의 자식이기 때문입니까?

아닙니다.

자기 자식만 위하는 사라의 교만함과 욕심 때문입니까?

아닙니다.

그러면 무엇 때문입니까?

그가 언약의 자손, 이삭을 인정하지 않고, 그의 자리를 빼앗고자 했기 때문입니다.

본질적인 문제는 이스마엘이 이삭의 위치를 인정하지 않았다는 사실에 있는 것입니다. 여기서 우리가 기억해야 할 사실이 있습니다. 그것은 이삭을 약속의 후손으로 정하신 것은 하나님 그분 자신이었다는 것입니다.

"네 아내 사래는 이름을 사래라 하지 말고 사라라 하라 내가 그에게 복을 주어 그가 네게 아들을 낳아 주게 하며.....그를 여러 민족의 어머니가 되게 하리니 민족의 여러 왕들이 그에게서 나리라......사라가 네게 아들을 낳으리니 너는 그 이름을 이삭이라 하라. 내가 그와 내 언약을 세우리니 그의 후손에게 영원한 언약이 되리라......내 언약은 내년 이 시기에 사라가 네게 낳을 이삭과 세우리라"(창 17:15-21)

이삭이 언약의 후손임을 분명하게 밝혀 주신 분은 하나님이셨습니다. 하지만 이스마엘은 하나님의 뜻을 받아들이지 않았습니다. 그는 육신적인 생각과 시기심에 눈이 멀어서 언약의 후손인 이삭을 핍박하는 자가 되고 말았습니다. 결국 이 일로 인해 그는 이스라엘 공동체 안에서 추방당할 수밖에 없었던 것입니다.

이스마엘의 모습은 요나단과 크게 비교가 됩니다.

요나단은 사무엘 선지자가 다윗에게 기름 부은 것을 알고 있었습니다. 사울 왕은 다윗이 기름부음을 받았다는 사실을 알고 핍박하고 죽이려고 했습니다. 그것이 자신의 왕조를 지키는 일이라고 생각했기 때문입니다. 그러나 요나단은 자신이 오를 왕좌를 다윗에게 빼앗길 것을 알면서도 도리어 다윗을 돌보아 주었습니다. 그는 오직 하나님의 뜻이 이루어지기를 소망했던 것입니다.

"요나단이 그에게 이르기를 두려워하지 말라 내 아버지 사울의 손이 네게 미치지 못할 것이요 너는 이스라엘의 왕이 되고 나는 네 다음이 될 것을 내 아버지 사울도 안다 하니라"

(삼상 23:17)

언약의 축복에 참여하는 길은 바로 여기에 있습니다.

하나님이 세우신 언약의 후손, 즉 아브라함의 씨를 철저히 인정하고, 자신을 포기하는 것입니다. 우리 시대의 말로 바꾸어 말한다면 나 자신의 인간적인 모든 생각을 버리고, 오직 하나님이 세우신 유일한 아브라함의 씨, 곧 언약의 후손이신 예수님을 인정하고 따르는 것이 언약의 축복에 참여하는 유일한 길이라는 말씀입니다.

2. 하나님께서는 육신의 자손을 내보내는 것을 허락하셨습니다.

이스마엘을 내보내라는 사라의 요구는 당대에 적합한 요구가 아니었습니다. 비록 첩이 낳았지만 이스마엘은 엄연히 아브라함의 자식이었습니다. 아브라함 당대에 아내가 남편의 자식을 내보내라고 요구하는 것은 매우 부적절한 것이었습니다. 그러므로 아브라함은 주저할 수밖에 없었을 것입니다. 그러나 하나님은 주저하는 아브라함에게 하갈과 이스마엘을 다 내 보내도록 명령하셨습니다.

"네 아이나 네 여종으로 말미암아 근심하지 말고 사라가 네게 이른 말을 다 들으라 이삭에게서 나는 자라야 네 씨라 부를 것임이니라"(12절)

아브라함의 고민이 얼마나 컸었는지를 온전히 파악하기란 어렵습니다. 하지만 아브라함은 자기 생각을 뒤로 하고 하나님의 뜻에 순종합니다. 육신의 情(정)으로는 하기 어려운 일이었지만 아브라함은 하나님이 뜻에 순종하는 것이 더 중요하다고 생각한 것입니다. 천국 백성의 올바른 자세는 이런 것입니다. 천국 백성의 본질이 무엇입니까? 육신의 소욕을 따르지 않고 영의 소욕을 따르는 것입니다.

"육체의 소욕은 성령을 거스르고 성령은 육체를 거스르나니 이 둘이 서로 대적함으로 너희가 원하는 것을 하지 못하게 하려 함이라"(갈 5:17)

천국 백성인 우리는 육신의 소욕을 거스를 수 있어야 합니다. 우리는 육신적으로 편하고 이익이 되는 일만 추구하는 자세를 버리고, 오직 하나님의 뜻하시는 바를 쫓았던 아브라함의 신앙을 따라야 합니다.

3. 하나님께서는 이스마엘도 보호해 주셨습니다.

하갈과 이스마엘은 겨우 한 가죽부대의 양식과 물을 제공받고 아브라함의 집에서 쫓겨났습니다. '어찌 그렇게 매정할 수 있었을까?'라는 생각을 하실 수도 있을 것입니다. 하지만 그들을 내보내는 것은 하나님이 명하신 일이었습니다. 하나님께서는 그들을 보호하실 계획을 이미 가지고 계셨습니다.

　광야에서 하갈과 이스마엘은 길을 잃고 목말라 죽을 위험에 처했습니다. 어찌할 줄 몰라 서로를 바라보며 크게 울고 있는 데, 하나님이 당신의 사자를 그들에게 보내 주셨습니다. 그는 이들 모자를 위로하며 귀한 약속을 했습니다. 뿐만 아니라 눈을 밝혀 곁에 있는 샘을 발견하게 해 주었습니다. 그로 인해 이들 모자는 그곳 광야에 자리를 잡고 번성할 수 있었습니다. 하나님이 아브라함에게 약속하신 그대로 모든 일이 이루어졌습니다.

　"이스마엘에 대하여는 내가 네 말을 들었나니 내가 그에게 복을 주어 그를 매우 크게 생육하고 번성하게 할지라 그가 열두 두령을 낳으리니 그를 큰 나라가 되게 하려니와..."(창 17:20)

이 말씀은 우리에게 놀라운 사실을 교훈하고 있습니다.

　(1)비록 언약 밖에 있는 자들이라 할지라도 그들을 돌보시는 분은 하나님 한 분 뿐이시라는 것입니다.

　(2)또한 이스마엘과 하갈이 비록 당시에는 언약 밖에 있지만, 이후에는 참 언약의 후손이신 예수 그리스도로 말미암아 언약의 축복을 누리게 될 날이 오게 될 것이기에 하나님은 이들에게 여전히 은혜를 베푸시고 계셨다는 것입니다.

4. 말씀을 적용해 봅시다.

(1)예수를 구주로 믿는 것 외에 다른 구원의 길은 없습니다.

오직 예수만이 유일한 구원의 길이십니다.
"내가 곧 길이요 진리요 생명이니 나로 말미암지 않고는 아버지께로 올 자가 없느니라"(요 14:6)
"다른 이로써는 구원을 받을 수 없나니 천하 사람 중에 구원을 받을 만한 다른 이름을 우리에게 주신 일이 없음이니라"(행 4:12)
그러므로 구원을 받기 원하는 이들은 모두 예수 그리스도 앞에 나와야 합니다.

(2) 우리는 육신의 뜻이 아니라, 오직 성령의 뜻을 따라
    사는 자들이 되어야 합니다.

신자는 육신의 뜻이 아니라 오직 하나님의 뜻을 앞세우는 자들입니다.
우리는 요나단의 정신을 가지고 살아야 합니다. 예수를 멸시하는 이스마엘의 정신은 철저히 버려야 합니다. 오늘날도 예수님의 주 되심을 거부하는 수많은 시도와 도전들이 있습니다. 흥미로운 사실은 이런 타락한 세상 속에서도 여전히 예수의 주 되심을 믿고 따르는 자들은 존재한다는 사실입니다.

뱀파이어와의 인터뷰라는 소설로 유명한 앤 라이스라는 작가가 있습니다.

그녀는 대학에 다니면서 신앙을 잃었고 무신론자와 결혼했습니다. 그 후 흡혈귀요 록 스타인 레스타드에 대한 소설을 써서 부를 얻었습니다. 그런 그녀가 기독교로 다시 귀의한다니까 문학계와 언론이 다 충격을 받았습니다. 그녀는 왜 마음이 변했을까요?

우연히 그녀가 예루살렘에 들어갔다고 합니다. 그곳에서 어찌어찌하다보니 십자가에 못 박히게 된 예수는 신성하지 않다는 주장들의 전모를 알게 되었다고 합니다. 그리고 결론을 내렸습니다.

"무신론자였던 내가 자주 드나들었던 자유주의 서클에서 떠돌아다니던 그 모든 그림......은 어불성설이었다........나는 이들의 서클에서 가장 고약하고 편견에 치우친 학식을 보게 되었다."

예수를 버리면 뱀파이어(?)를 쫓게 된다는 사실을 잊지 마십시오. 성령을 따라 살지 않으면 육신의 자유를 누릴 줄 착각하지만, 실상은 죄악을 따라 방종하게 될 뿐입니다.

(3)온 우주와 만물의 유일하신 통치자는 하나님이십니다.

하나님은 이방인들까지도 보호하십니다.

다른 신이나 혹은 귀신들이 이방인들을 지키는 것이 아닙니다. 그들도 하나님이 지키십니다. 하나님이 이들을 지키시는 이유는 하나님이 지으신 자들이기 때문이고, 여전히 그리스도 안에서 언약 백성이 될 기회가 있기 때문입니다.

불신자들은 하나님이 사람들을 지옥에 보내신다는 교훈에 대해 크게 혐오감을 느낍니다. 우리가 자주 그런 반응들을 접할 수 있습니다. 그들은 그런 일을 행하시는 하나님을 매우 잔인하다고 비난하기도 합니다. 그러나 진짜 문제는 그들에게 아무리 말을 해 주어도 유일한 통치자이신 하나님께 돌아오지 않는다는 사실에 있습니다. 즉 그들이 지옥을 택한다는 것입니다. 그들은 아무리 말을 들어도 하나님을 찾지 않습니다.

누가복음 16장 19-31절의 부자와 나사로의 이야기에 대해 설명하면서 팀 켈러는 지옥을 "영원을 향한 궤적 위에서 우리가 신에게서 멀어지겠노라고 자유의지로 선택한 자아"라고 해석했습니다. 그는 특별히 부자가 자신을 지옥에서 꺼내달라고 하지 않았다는 사실에 주목했습니다. 부자는 단지 하나님이 충분한 정보를 주지 않았다는 사실을 원망했을 뿐이라는 것입니다.

팀 켈러는 이러한 사실을 일종의 중독 증상을 통해 설명했습니다.

사람이 중독에 빠지면 희열을 느끼기 위해 더욱 더 그 물질을 찾게 되고, 고립은 심화됩니다. 중독에 빠진 사람들은 투덜대고 남을 탓하면서, 자기만 옳고 남은 다 틀렸다고 주장합니다. 옆에서 보는 사람들에게 그의 모습은 너무 비참해 보이지만 자기는 결코 그 사실을 모릅니다. 자기 가족들이나 다른 사람들은 거기에 오지 않았으면 좋겠다고 생각하기도 하지만, 자신은 결코 거기서 나오려고 하지 않습니다.

영국의 C. S. 루이스는, 신을 향하여 '당신의 뜻이 이루어지소서'라고 말하는 부류와, 신으로부터 '그래 너의 뜻대로 되리라'라는 말을 듣는 부류로 사람들을 구분했습니다. 그는 지옥에 떨어진 인간들은 예외 없이 스스로 지옥을 택한 것이라고 했습니다. 그리고 "자발적인 선택이 없었다면 지옥도 없었을 것"이라는 말도 했습니다.

온 우주와 만물의 통치자이신 하나님은 오늘도 온 세상과 열방을 향해 "구원의 길로 나오라!"고 부르십니다. 자기 쾌락에 빠져 이런 소리를 듣지 못한다면 정말 불행한 일일 것입니다.

육신의 소욕대로 살기를 포기하고 예수 그리스도를 주님으로 믿고 하나님의 통치에 순종하십시오. 그것만이 유일한 구원의 길입니다. 이것이 이스마엘을 통해 우리가 깨달아야 할 가장 중요한 교훈입니다.

설교작성에 있어서 7가지 인물 설교 요점 적용

#1. 구속사적, 그리스도 중심적 해석

이스마엘이 이삭을 어떻게 대하는지의 문제는 요나단이 다윗을 대하는 것이나 신약시대를 살고 있는 우리가 그리스도를 대하는 것과 연관이 있습니다.

#2. 하나님에 대한 반응이라는 관점에서 인물의 행위 해석

이스마엘은 하나님께서 아직 어린아이에 불과한 이삭을 아브라함의 뒤를 이을 약속의 씨앗으로 삼은 것에 대해 불만을 품었습니다. 그가 이삭을 핍박한 것은 이런 하나님의 뜻을 온 몸으로 거부한 것이었습니다. 이스마엘은 하나님의 뜻을 거스르고 자신이 이삭의 자리에 있고 싶었던 것입니다.

#3. 내러티브 본문에 대한 정당한 해석

본문의 내용을 단지 본처 소생과 첩 소생 사이의 갈등이나 분쟁의 문제로 이해해서는 안 됩니다. 본문 내용을 인권 문제나 혹은 단순한 가정 내부의 소소한 사건을 보여 주는 것으로 이해해서도 안 됩니다. 본문 내러티브에서 중요한 점은 아브라함에게 하갈과 이스마엘을 내어 보내라 하신 분이 하나님이시라는 사실입니다.

#4. 효과적인 본문의 제시

본문의 지극히 작은 내용도 그냥 지나치면 안 됩니다. 본문을 이해함에 있어서 무엇보다 앞서 언급된 모든 약속의 내용들을 세세히 살필 줄 알아야 합니다.

#5. 인물의 전기가 되지 않도록 경계

본문을 아브라함의 개인적 가정사로 생각해서, 행복한 가정을 이루기 위해서는 한 아내와 더불어 정절을 지키며 살아야 한다는 식의 교훈만 끌어내서는 안 됩니다. 그렇게 하면 하나님의 자기 계시로서의 본문 고유의 모습이 드러나지 않습니다. 본문은 하나님이 그 나라의 역사를 이루시는 과정에서 그 뜻을 순종하는 자들과 그렇지 않은 자들이 나누어진다는 사실을 보여 줍니다.

#6. 초상황적 적용점 찾기

하나님이 정하신 언약의 후손에 대해 사람들이 취하는 태도는 언제나 두 가지로 나타납니다. 하나는 적대적인 것이고, 다른 하나는 그를 인정하고 받아들이고 그 앞에 무릎을 꿇는 것입니다. 이스마엘은 이삭을 받아들이지 못했습니다. 사울도 다윗을 받아들이지 못했습니다. 하지만 요나단은 다윗을 받아들였습니다. 예수님이 자기 땅에 오셨지만 많은 유대인들이 예수님을 십자가에 못 박았습니다. 그러나 예수를 따르는 사람들은 그에게 생명을 바쳐 충성했습니다. 우리 앞에도 선택의 두 갈래 길이 놓여 있습니다.

#7. 시대에 맞는 적실성 있는 적용

이 시대에도 구원의 길은 오직 하나님의 언약의 후손으로 이 땅에 오셔서 죄인을 위해 친히 고난당하시고 죽으신 예수 그리스도밖에는 없음을 알고, 그분 앞에 믿음으로 나와야 합니다.

제14장

승리하는 그리스도인

창세기 21장 22-34절

아브라함은 갈대아 우르에서 가나안으로 이주한 일종의 외국인
이었습니다. 그러므로 아브라함이 블레셋 지역에 거주할 때, 그
는 지역 주민들의 주목을 받을 수밖에 없었습니다. 그런데 그들
의 눈에 비추어진 아브라함의 삶은 자신들과 다른 특별한 점이
있었습니다. 그것이 바로 22절 말씀입니다.

"그 때에 아비멜렉과 그 군대 장관 비골이 아브라함에게 말
하여 이르되 네가 무슨 일을 하든지 하나님이 너와 함께 하
시도다."(22절)

그들은 '아브라함이 섬기는 신, 곧 하나님이 그와 함께 하신
다.'는 사실을 분명히 알 수 있었던 것입니다.

그들은 무엇을 근거로 이런 생각을 한 것이었을까요?

아브라함이 하는 일들이 자신들이 하는 일보다 언제나 잘 되었기 때문일까요? 물론 이런 해석도 충분히 가능합니다.

아브라함은 그 땅에서 남들보다 훨씬 우물을 잘 찾았던 것 같습니다. 그 땅 사람들이 아브라함의 우물을 차지하고 싶어 했던 것에서 우리는 그것을 알 수 있습니다. 또한 사라가 90세가 넘는 할머니가 되었음에도 불구하고 아이를 낳은 사실도 그 지역 사람들에게는 충격이었을 것입니다.

우리가 이런 일들을 '성공'이라고 해석할 수도 있을 것입니다. 그래서 오늘날 이런 구절들을 통해 설교자들이 '아브라함의 성공'이라는 주제로 본문을 해석하고 설교하는 경향들이 강합니다. 그러나 아브라함의 실상을 자세히 들여다 보면 그가 사람들이 생각하는 성공을 했다고 말하기 어려운 부분들이 있습니다.

본문의 25절에는 아브라함이 아비멜렉의 종들에게 우물을 빼앗긴 일에 대하여 아비멜렉을 책망하는 장면이 나옵니다.

이것은 아브라함이 그 지역에서 터를 잡고 사는 일이 결코 쉽지 않았음을 보여 줍니다. 아브라함은 그 땅 사람들의 심한 텃세 때문에 어려움을 당했습니다. 우물을 발견해도 빼앗기니 정말 억울했을 것입니다. 빼앗을 수 있는 힘이 있는 자가 강한 자요, 성공한 자요, 복 받은 자가 아닙니까? 만일 그렇다면 아비멜렉이야말로 복 받은 사람이란 말을 들어야 하지 않겠습니까?

당시에 우물은 발견하기란 결코 쉽지 않은 일이었을 것입니다. 우물은 당대인들의 삶의 터전으로 매우 중요한 역할을 했습니다. 거기서 모든 사람과 짐승들이 마실 것을 얻을 수 있었고, 농지에 물을 댈 수 있었습니다. 그런데 그 귀중한 우물을 아브라함은 이 땅의 통치자인 아비멜렉의 종들에게 빼앗기는 아픈 경험을 한 것입니다. 자신의 소중한 사업의 터전을 남에게 빼앗겨 본 사람이 아니라면 아마 아브라함의 상실이 얼마나 큰 것인지 이해하기 어려울 것입니다. 즉, 아브라함은 오늘날 우리들이 생각하는 것처럼 쉽게 그 땅에 정착하고 힘을 과시하며 살았던 것이 아니라는 말씀입니다. 그러므로 본문에서 사람들이 아브라함과 하나님이 함께 하신다고 한 것이 그의 성공이나 출세를 보고 하는 말이 아닌 것은 분명합니다. 하지만 아비멜렉과 비골이 한 말(여호와께서 아브라함과 함께 하신다는 것)에 중요한 사실이 있습니다.

첫째로 아브라함은 이 땅에 들어와 살면서 자신이 하나님을 섬기는 자라는 사실을 분명히 했을 것이라는 점입니다. 그는 자신에게 일어나는 모든 일들로 하나님을 높였을 것임을 알 수 있습니다. 아마 우물을 발견해도, 혹은 이삭을 낳아도 그러했을 것입니다. 그것은 아비멜렉과 비골의 반응을 통해 추적해 보면 분명해집니다. 아브라함이 자신의 삶에 일어나는 일들과 하나님이 어떻게 연관되어 있는지를 말하지 않았다면 이들이 하나님을 알리 없지 않습니까?

둘째로 하나님 자신이 아브라함과 함께 하심을 이방인들 앞에 분명히 드러내 주셨다는 사실입니다.

이 사실을 얼마나 분명히 드러내 주셨는지, 이방인들이 하나님이 아브라함과 특별히 함께 하신다는 사실을 부인할 수 없었던 것입니다.

셋째로 이러한 사실이 당시 아브라함 주변 사람들의 마음에 하나님에 대한 경외심과 아브라함에 대한 존중심을 불러일으키게 되었다는 것입니다. 그래서 그들은 아브라함과 조약을 맺을 생각을 하게 된 것입니다.

"그런즉 너는 나와 내 아들과 내 손자에게 거짓되이 행하지 아니하기를 이제 여기서 하나님을 가리켜 내게 맹세하라"(23절)

하나님이 함께 하신다는 사실이 세상에서 세력을 얻고 성공하는 모습으로 나타날 수도 있을 것입니다. 그러나 하나님이 함께 하심이 그런 것들로만 드러나는 것은 아닙니다. 세상적인 힘이나 출세, 성공이 없더라도 성도의 아름다운 삶을 통해 우리는 하나님이 함께 하심을 드러낼 수 있습니다. 외적으로 아브라함은 여전히 이방인의 신분으로 그 땅 원주민들보다 못한 지위로 살고 있었지만, 그들이 도리어 아브라함을 두려워하고 그와 동맹을 맺고자 하는 모습에서 우리는 하나님이 함께 하시는 사람의 독특함을 알 수 있는 것입니다.

1. 아브라함의 반응

그들의 이런 모습은 아브라함에게 큰 충격이었을 것입니다. 그는 하나님이 자신을 통해 역사하신다는 사실을 더욱 확신하게 되었을 것입니다. 그를 통해 우리는 하나님이 하신 일에 대한 그의 믿음의 반응이 어떠했는지를 알 수 있습니다.

(1)아브라함은 아비멜렉의 요청을 즉시 수락했습니다.

"아브라함이 이르되 내가 맹세하리라."

아브라함은 이것이 하나님이 주신 은혜임을 알았습니다. 우물을 빼앗기면서 그곳에 거주하는 것은 쉽지 않은 일이었을 것입니다. 그런데 특별히 노력한 일도 없이 하나님께서 그 땅의 지배자를 보내주셔서 조약을 맺을 수 있게 해 주셨으니, 이것이야 말로 은혜가 아닐 수 없습니다.

(2)그는 하나님을 의지하였기에 담대히 아비멜렉에게 요구했습니다.

아브라함은 이 일이 하나님으로 말미암은 것임을 믿었기에 담대히 자신의 요구 조건을 말했습니다. 우선 그는 우물을 빼앗는 일이 부당함을 지적했습니다. 즉 "당신의 종들이 이런 일들을 저지르면서 어떻게 조약을 맺자는 것이요?"라고 말한 것입니다. 아비멜렉은 즉시 자신들의 과오를 인정했습니다.

"내가 알지 못하노라. 너도 내게 알리지 아니하였고 나도 듣
지 못하였더니 오늘에야 들었노라"(26절)

이 일은 하나님이 행하신 일이라는 사실을 믿지 못했다면 이
런 담대한 요구를 할 수는 없었을 것입니다.

(3)아브라함은 우물의 소유권도 주장했습니다.

아브라함과 아비멜렉은 서로 언약을 맺었습니다.

그런데 언약식이 있은 후에 아브라함이 특이한 행동을 합니다.
일곱 마리의 암양 새끼를 따로 내 놓는 것이었습니다. 이미 양과
소를 가져다가 언약식을 거행했는데, 일곱 마리 암양 새끼를 따
로 내 놓으니 아비멜렉이 이상히 여겨서 묻습니다.

"그것들을 따로 놓음은 어찜입니까?"

아브라함이 대답합니다.

"당신은 내 손에서 이 암양 새끼 일곱을 받아 내가 이 우물 판
증거를 삼으십시오."

아비멜렉은 아브라함의 요구를 그대로 수용했습니다.

그래서 서로 맹세하고 그곳 이름을 브엘세바라고 불렀습니다.
브엘세바는 '맹세의 우물'이라는 의미와 함께 일곱 개의 우물이
라는 뜻도 있습니다. 즉 아브라함은 여기서 암양 7마리를 주면서
일곱 개 우물의 소유권을 주장한 것입니다.

이것은 그가 하나님이 행하시는 일을 통해 깨달은 바가 있었음을 보여 줍니다. 그는 하나님이 자신을 이 땅에 보내실 때 하신 약속을 잘 기억하고 있었습니다. 그것은 약속하신 이 땅을 그와 그 후손에게 주시겠노라 하신 것입니다. 아브라함은 하나님이 행하시는 위대하신 일들로 인해 다시 한 번 담대함을 얻고 그 땅의 소유권을 주장하기 시작한 것입니다.

(4)아브라함은 이 모든 일을 통해 하나님을 경배했습니다.

"아브라함은 브엘세바에 에셀 나무를 심고 거기서 영원하신 여호와의 이름을 불렀으며.."(33절)

a. 에셀 나무는 우물의 소유에 대한 표식입니다.

아브라함이 나무를 그곳에 심은 것은 그곳에서 오랫동안 정착할 마음이 있었음을 보여 줍니다. 실제로 아브라함은 그곳에서 자신의 남은 삶의 대부분을 살았습니다.

b. 에셀 나무는 사막의 기후에 잘 적응하는 나무 가운데 하나입니다.

에셀 나무는 생명력이 강해서 물이 없고 건조한 곳에서도 잘 살아남습니다. 이것은 마치 아브라함의 현재의 모습을 상징하는 것처럼 보입니다. 지금 아브라함의 모습은 초라하게 광야를 떠도는 것처럼 보입니다. 하지만 아브라함은 이 나무가 광야 척박한 땅에서 잘 자라는 것처럼 자기도 그 땅에 잘 정착할 것임을 믿고 있음을 드러낸 것이 아니겠습니까? 그는 하나님이 그 땅을 자신에게 주신 것으로 믿고, 거기서 하나님의 이름을 불렀습니다.

"거기서 영원하신 여호와의 이름을 불렀으며...."(33절)

우리가 성경에서는 구절을 볼 때마다 항상 떠올려야 할 것이 있습니다. 하나님의 이름을 불렀다는 것은 별 의미 없이 그분의 이름을 입술에 올렸다는 뜻이 아니라는 것입니다. 그것은 항상 하나님을 의지하고 하나님께 자신을 다 맡기는 일을 행하는 것으로 일종의 경배의식이며, 예배의식인 것입니다.

합동신학대학원의 김성수 교수는 가인이 성을 쌓은 후 그의 아들의 이름으로 성을 호칭한 것을 지적하면서, 이름을 부른다는 것은 그 자체로 그의 삶의 방식이 무엇인지를 드러낸다고 했습니다.

"가인이 여호와 앞을 떠나서 에덴 동쪽 놋 땅에 거주하더니 아내와 동침하매 그가 임신하여 에녹을 낳은지라 가인이 성을 쌓고 그의 아들의 이름으로 성을 이름 하여 에녹이라 하니라"(창 4:16-17)

이 때 가인이 이름을 짓는 방식이 바로 세상의 일반적인 방식입니다. 가인은 성의 이름을 붙임으로 인간의 업적을 기리고 인간의 위대함을 자랑했습니다. 즉 인간을 예배한 것입니다.

그런데 아벨이 죽고 그 대신 하나님이 아담의 가정에 주신 셋이 하는 일을 보십시오. 그것은 가인이 하는 일과 대조가 됩니다.

"셋도 아들을 낳고 그의 이름을 에노스라 하였으며 그 때에
사람들이 비로소 여호와의 이름을 불렀더라"(창 4:26)

즉 셋은 자신이 자식을 낳은 후에 여호와의 이름을 부름으로 이 모든 것들이 하나님의 은혜로 말미암았음을 드러냅니다. 즉 셋이 여호와의 이름을 부른 것은 하나님의 위대하심을 드러내고 그것을 예배하기 위함이었던 것입니다.

아브라함은 아비멜렉으로 인해 일어난 일을 통해 분명하게 알 수 있었습니다.

하나님이 이 모든 일을 행하셨고, 아비멜렉의 마음을 주장하셨으며, 약속대로 행하셨다는 것입니다. 이 모든 일을 통해 아브라함은 하나님만이 가장 위대하신 만왕의 왕이심을 알 수 있었던 것입니다. 그래서 그가 하나님의 이름을 부른 것입니다.

바로 모든 영광을 하나님께 돌리며 예배드렸다는 것입니다.

2. 우리의 삶에 적용하기

(1) 참 신자는 돈이나 명예보다 구별된 삶으로 하나님이 영광 받으시게 해야 합니다.

'하나님을 영광되게 하려면 성공을 하지 않으면 안 된다.'고 생각해 보신 적이 없으십니까?

오늘날 그리스도인들은 과거보다 많이 성공도 하고, 출세도 했습니다. 정치, 경제 그리고 문화, 스포츠 등 사회 도처에서 기독교인들이 두각을 나타내고 있습니다.

하지만 그로 인해 하나님의 위대하심이 드러나거나, 혹은 하나님이 동행하심이 증거 된 적이 과연 얼마나 있을까요?

오늘날 엄청 높게 쌓아 올린 교회의 탑이 하나님이 함께 하신다는 사실을 드러내서 하나님께 영광을 돌리는 도구가 되고 있습니까?

도리어 탐욕에 사로잡힌 모습으로 세상에 비춰지고 있지는 않습니까?

본문은 하나님이 우리와 함께 하심을 드러내는 다른 방법이 있음을 깨우쳐 줍니다. 아브라함은 힘이 없었습니다. 그는 가진 것조차 지킬 수 없는 상황이었습니다. 그런데 주위 이방인들이 하나님이 그와 함께 하심을 알았습니다.

예수님의 제자들을 봅시다.

제자들은 "은과 금은 내게 없거니와 내게 있는 것으로 네게 주노니 곧 나사렛 예수의 이름으로 일어나 걸으라"(행 3:6)고 했습니다.

엄청난 돈이나 지위보다 이런 제자들의 모습이 훨씬 더 하나님의 임재하심과 동행하심을 드러내고 있다고 생각되지 않으십니까?

"이렇게 결박된 것 외에는 당신들이 나와 같이 되기를 원하나이다"라고 말하는 바울의 모습에서 사람들은 더 많이 하나님의 위대하심을 생각하지 않았을까요?

초대 교회 신자들이 네 것 내 것이 없이 서로 나누며 사는 모습에서 세상은 신자들이 믿는 하나님의 위대하심을 발견하지 않았을까요?

모든 사람들이 도덕적인 삶을 버릴 때에 신자들은 도덕적인 삶을 살아야 합니다.

모든 사람들이 이기적으로 변해 갈 때에 신자들은 이타적인 마음을 가져야 합니다.

모든 사람들이 세상의 부와 성공만을 추구할 때 신자들은 하나님의 뜻을 따라야 합니다.

신자들이 이렇게 자신들을 구분하게 된다면, 그로 인해 하나님이 영광을 받으시게 될 것입니다.

(2) 우리도 삶의 모든 순간에 하나님을 경배하는 자들이
    되어야 합니다.

아브라함은 자신의 삶에 주어진 모든 은택들은 모두 하나님이 주신 것임을 알았습니다. 우리도 아브라함처럼 행해야 합니다. 모든 것이 은혜입니다. 그러므로 우리에게 주어진 모든 삶의 혜택들에 대해 우리는 하나님을 경배해야 합니다.

이것으로 세상 사람과 하나님의 백성이 구별됩니다. 세상 사람들은 자신 밖에 높일 것이 없습니다. 자신의 업적을 드러내고 자랑하는 것이 전부입니다. 그러나 믿음의 사람들은 하나님을 알고 하나님을 예배합니다.

이 시대는 각자의 우상숭배에 빠져 하나님을 떠나 있습니다. 우상이란 우리 마음 안에서 하나님보다 더 중요하게 여기는 것들입니다. 우리 삶의 우상들이 우리 마음과 공상의 세계를 하나님 보다 더 많이 차지하고 있습니다. 하나님만이 줄 수 있는 것들을, 다른 것이 줄 수 있다고 생각한다면 그 모든 것이 우상입니다.

팀 켈러는 아내나 자식이 우상이 될 수 있고, 자신의 높은 경력이나 성공, 체면이나 지위, 평안한 환경, 정치적 대의 혹은 도덕성과 미덕 그리고 심지어 성공적인 그리스도인의 사역조차도 우상이 될 수 있다고 했습니다.

그는 건강이나 외적인 아름다움, 몸매와 같은 것들이나 군사력이나 기술의 진보 혹은 경제와 같은 것들도 우상이 될 수 있다고 했습니다. 그는 많은 사람들이 하나님께 드려야 할 사랑과 신뢰 그리고 순종을 우상에게 바친다면서, "사람들이 심리적인 문제라고 부르는 것은 사실 우상숭배라는 단순한 문제"라고 했습니다.

우리가 지금 우울함에 빠져 있거나 혹은 슬픔이나 좌절이나 절망감에 사로잡힌 이유는 하나님보다 더 사랑하고 신뢰하고 순종하는 것이 있기 때문일 수도 있습니다. 그렇다면 그것은 심리적인 문제가 아니라, 우상숭배의 문제 즉 종교적인 문제가 된다는 점을 기억하십시오. 즉 주식 값이 떨어져서 우울감이 사로잡히는 것이 아니라, 내 안에 돈을 의지하는 우상숭배의식이 너무나 크기 때문에 우울감에 사로잡힐 수 있다는 것입니다.

세상 사람들은 가인의 후손과 같이 행동합니다.

자신의 이름과 업적을 나타내는 일에 몰두하고, 하나님은 없는 삶을 삽니다. 그러나 신자는 하나님을 경배하고 예배하며 살 줄 아는 자들이 되어야 합니다.

예수께서 오직 하나님과 동행하시며 그의 뜻을 이루시는 일에 진력하신 것처럼 우리도 하나님과 동행하며, 하나님만 경배하는 삶을 사는 데 진력해야 할 것입니다. 이것이 바로 세상을 이기는 삶, 곧 승리하는 그리스도인의 삶입니다. 당신도 승리하는 그리스도인의 삶을 누리시기를 진심으로 기원합니다.

[해설]

설교작성에 있어서 7가지 인물 설교 요점 적용

#1. 구속사적, 그리스도 중심적 해석

우물을 빼앗기고도 마음대로 항의 할 수조차 없던 삶에 평안을 주시고, 이방인들이 스스로 찾아와 조약을 맺도록 해 주시는 하나님의 능력과 은혜를 깨달은 아브라함은 믿음으로 그 땅을 자기 소유로 만들기 시작합니다.

#2. 하나님에 대한 반응이라는 관점에서 인물의 행위 해석

아브라함이 가나안에 자신의 땅을 소유하고자 했던 이유들은 하나님이 그 땅을 주신다고 먼저 약속을 하셨기 때문이었습니다. 즉 아브라함은 하나님의 약속을 믿었기에 그 땅을 소유하고자 한 것입니다.

#3. 내러티브 본문에 대한 정당한 해석

아비멜렉과 그 백성들이 아브라함과 조약을 맺게 된 이유는 하나님이 아브라함과 함께 하신다는 사실 때문이었습니다. 그들은 하나님이 아브라함과 함께 하신다는 사실을 어떻게 알았을까요? 앞뒤 문맥과 행간의 내용을 통해 우리는 아브라함이 삶의 매 순간 자신과 동행하시는 하나님을 드러내고자 했었기에, 그들이 하나님이 그와 함께 하신다는 사실을 깨달았을 것임을 조심스레

짐작할 수 있습니다. 이 사실을 근거로 아비멜렉과 아브라함의 사이에 조약이 맺어진 이유를 유추할 수 있습니다. 본문은 이런 점들이 충분히 고려된 후에 해석이 되어야 합니다.

#4. 효과적인 본문의 제시

본문의 내러티브는 단순한 이야기가 아닙니다. 이 내러티브들 안에는 하나님이 세우기를 원하시는 나라와 그 나라 백성인 아브라함의 반응이 어떠했는지가 잘 드러나 있습니다. 그러므로 설교자는 이런 부분들이 세세히 드러나도록 신경을 써야 합니다. 필자는 아브라함이 그 땅에 에셀나무를 심은 의미도 자신이 그 땅 안에서 그가 실제로 차지한 부분의 경계를 치는 것이었다고 해석했습니다. 이런 해석들은 당신의 나라를 세우고자 하시는 하나님의 목적을 고려해야 가능한 것입니다.

#5. 인물의 전기가 되지 않도록 경계

아브라함이 행하는 일들은 철저히 하나님이 이루어 가시는 구원 역사에 반응하는 신자의 모습입니다.

#6. 초상황적 적용점 찾기

아브라함이 그 땅에 정착하여 살면서 여호와의 이름을 부른 사실을 통해 신자의 삶에 특징이 되어야 할 것은 하나님이 베풀어 주시는 모든 은혜에 진심으로 감사하며 예배하는 자세를 갖는 것임을 깨달아야 합니다.

#7. 시대에 맞는 적실성 있는 적용

우리는 자기 자신만을 높이고 자랑하는 시대 한 가운데를 살아가고 있습니다. 이런 시대에 신자는 오직 하나님이 베푸시는 은혜를 알고 하나님을 높이는 자들이 되어야 합니다. 삶의 매 순간, 모든 영역에서 하나님의 영광을 드러내는 것은 신앙인들의 변하지 않는 목표이어야 합니다.

제15장

주님을 감동시키는 신앙인!

창세기 22장 1-19절

하나님은 아브라함을 시험하시기 위해 이삭을 하나님께 바치라고 하셨습니다.

아브라함에게 이 시험보다 더 가혹한 것이 어디 있겠습니까?

어떻게 아버지가 100세에 낳은 독자를 죽이는 일을 할 수 있겠습니까?

그럼에도 불구하고 아브라함은 이 시험을 잘 통과했고, 그로인해 믿음의 조상이 되었습니다. 그가 보여 준 신앙의 반응은 우리에게 큰 도전이 됩니다. 아브라함이 자신을 인도하시는 하나님 앞에 어떻게 믿음으로 반응하였는지를 살펴보면서 우리도 어떻게 믿음생활 해야 할지를 생각해 봅시다.

1. 하나님은 이삭을 바치라는 명령을 하시기 전에 아브라함에게 다양한 방식으로 자신을 드러내 주셨습니다.

독자 이삭을 바치라는 하나님의 명령은 정말 가혹한 것이었을 까요? 사실 그 명령을 가혹하다고만 생각할 일은 아닙니다. 여기 서 하나님은 아브라함의 믿음의 분량에 맞는 순종과 헌신을 요 구하신 것뿐이었습니다.

아브라함은 긴 신앙의 여정을 거치면서 하나님의 위대하심을 깨달았습니다. 하나님은 아브라함이 애굽 왕에게 사라를 빼앗겼 을 때에 도로 찾아 주셨고, 많은 재물까지 더해 주셨습니다.

소돔 지역을 공격하러 온 4개국 연합군에게 롯이 잡혔을 때, 아브라함은 사병들을 거느리고 따라가서 그들을 대파하고 그를 구해냈습니다. 하나님이 그 모든 과정에서 아브라함을 도우셨습 니다. 아브라함은 자신이 이룬 모든 일이 하나님의 은혜임을 알 았습니다.

하나님은 그가 100세가 되었을 때, 사라를 통해 약속의 아들인 이삭을 주셨습니다. 그 때 사라는 이미 경수가 끊긴 상황이었습 니다. 이로 인해 아브라함은 하나님이 참으로 전능하시다는 사실 을 알게 되었습니다. 뿐만 아니라 하나님은 블레셋 왕, 아비멜렉 을 아브라함에게 보내셔서 조약을 맺게 하셨습니다. 아브라함은 마침내 그 땅에 자신의 소유인 우물을 가질 수 있게 되었습니다.

이러한 여러 신앙의 과정을 거친 후에 비로소 오늘의 시험이 찾아온 것입니다. 우리가 잊지 말아야 할 사실은 우리가 감당할 시험 밖에는 하나님이 허락하지 않으신다는 사실입니다. 하나님 께서는 이 모든 과정을 통해 당신의 나라를 당신 자신께서 약속 하신 대로 세우시고, 당신을 따르는 자들을 보호하시고 인도해 주신다는 사실을 증명하셨습니다.

2. 이삭을 바치라는 하나님의 명령에 대한 아브라함의
신앙적 반응

본문을 자세히 살펴보면, 아브라함이 아무 주저함 없이 이삭을 바치라는 하나님의 명령에 순종했음을 알 수 있습니다. 사실 이 명령에는 여러 문제들이 있었습니다. 예를 들어 인신제사의 문제 입니다. '과연 하나님께서 인신제사를 요구하실 수 있는가?'하는 것은 아브라함의 순종에 매우 큰 걸림돌이 될 수 있었습니다.

또한 '후손에 대한 약속을 이루어주셨다가 이제는 스스로 무효 화하시겠다고 하시는 하나님을 과연 신뢰할 수 있는가?'하는 것 도 문제일 수 있었습니다. 도대체 이랬다저랬다 하는 하나님을 어떻게 믿을 수 있겠습니까?

본문을 살펴 볼 때, 아브라함은 이런 문제들에도 불구하고 별 주저함이 없이 그저 하나님의 뜻에 순종합니다.

그는 명령을 받은 다음날 아침 일찍이 일어나 나귀에 안장을 지우고 두 종과, 이삭을 데리고 번제에 쓸 나무를 쪼개 매고 모리아 산으로 향했습니다. 가는 길에 이삭이 아브라함에게 "불과 나무는 여기 있거니와 번제할 어린양은 어디 있나이까?"라고 물어봅니다. 이 질문은 아브라함의 가슴을 다시 한 번 무너지게 하기에 충분한 것이었습니다. 하지만 아브라함은 흐트러짐 없이 차분하게 번제 준비를 하고 아들을 잡아 제단에 묶은 후에 칼로 그를 죽이려고 합니다.

"손을 내밀어 칼을 잡고 그 아들을 잡으려 하니...."(9절)

성경에는 이처럼 아브라함이 그저 묵묵히 이삭을 바치라는 하나님의 명령에 순종했었다는 사실만이 드러나 있습니다.

3. 하나님께서는 이러한 아브라함의 신앙에 깊이 감동하셨습니다.

하나님은 황급히 당신의 사자를 아브라함에게 보내셨습니다.

"여호와의 사자가 하늘에서부터 그를 불러 이르시되 아브라함아 아브라함아 하시는지라."

이 말씀은 우리에게 하나님의 사자가 얼마나 긴박하게 그를 불렀는지를 알게 해 줍니다. 그 사자가 아브라함에게 말합니다.

"그 아이에게 네 손을 대지 말라 그에게 아무 일도 하지 말라 네가 네 아들 네 독자까지도 내게 아끼지 아니하였으니 내가 이제야 네가 하나님을 경외하는 줄을 아노라"(12절)

"네가 이같이 행하여 네 아들 네 독자도 아끼지 아니하였은
즉 내가 네게 큰 복을 주고 네 씨가 크게 번성하여 하늘의
별과 같고 바닷가의 모래와 같게 하리니 네 씨가 그 대적의
성문을 차지하리라 또 네 씨로 말미암아 천하 만민이 복을
받으리니 이는 네가 나의 말을 준행하였음이니라"(16-18절)

(1)하나님께서는 순종하는 아브라함의 모습에서 자신을 완전히
    부인한 신앙인의 모습을 보셨습니다.

이제 아브라함은 하나님의 뜻이라면 모두 순종하는 사람임이
드러났습니다. 그는 오직 하나님만 의지할 뿐 자신을 의지하지
않게 되었습니다. 이것이 바로 하나님 나라가 세워지는데 필요한
가장 핵심적인 신앙의 정신인 것입니다. 하나님은 아브라함 안에
서 이러한 정신을 보셨고 크게 만족하셨습니다. 우리가 하나님을
만족시키는 신앙은 바로 여기에 있습니다. 오직 하나님의 은혜만
을 바라보며, 자신을 의지하지 않는 것입니다.

(2)하나님은 크게 기뻐하시며 아브라함을 통해 구세주를 보낼 것
    을 약속하셨습니다.

하나님은 아브라함이 이삭을 번제로 드리는 모습을 보시고 놀
라운 사실을 알려 주셨습니다.
사실 아브라함이 이삭을 드리는 행위는 단순히 아들 하나를

헌신의 제물로 드렸다는 것과는 차원이 다른 의미를 담고 있습니다.

이삭은 아브라함의 독자였습니다. 즉 그가 장자인 것입니다. 당시 장자를 내 놓는다는 것은 자기 가문 전체를 대신한다는 의미를 지닌 것이었습니다. 그것은 장자가 모든 것을 상속하는 사람이었음을 통해 알 수 있습니다.

장자는 그 집안을 대신하는 자였습니다. 그러기에 애굽 사람들을 심판하실 때에도 하나님께서는 그 장자를 치신 것입니다. 그것은 애굽 사람 전부를 향한 심판과 같은 것이었습니다. 그러므로 이삭이 제물로 드려지는 행위는 자기 부족 전체를 대신한 의미가 있었던 것입니다.

흥미롭게도 이삭을 번제로 드리려고 했던 모리아 산은 후에 시온 산이 됩니다. 그곳은 성전이 세워지는 곳이고, 또한 성전 되시는 예수님이 십자가를 지신 곳이기도 합니다. 바로 그곳 모리아에서 이삭은 자기 가족 전체를 대신한 희생제물이 된 것입니다. 물론 이삭이 희생되기 직전에 하나님께서는 이삭을 대신하여 한 숫양을 준비해 주셨습니다. 그것은 이삭까지 대신할 대속의 제물이 있음을 보여 준 사건이라 할 것입니다.

본문에서 하나님은 아브라함에게 한 씨를 주실 것이라고 하셨습니다. 흥미로운 것은 이 씨가 단수로 되어 있는 것입니다. 즉 많은 아브라함의 후손이 아니라 한 후손이라는 것입니다. 그 후손은 우선 이삭일 수 있습니다. 하지만 지금 이삭은 이미 존재하고 있습니다. 그러므로 이 씨가 후에 나타날 씨라고 한다면 과연 누구를 의미할까요? 갈라디아서에서 바울은 그 씨가 바로 예수 그리스도이심을 말씀했습니다.

"형제들아 내가 사람의 예대로 말하노니 사람의 언약이라도 정한 후에는 아무도 폐하거나 더하거나 하지 못하느니라 이 약속들은 아브라함과 그 자손에게 말씀하신 것인데 여럿을 가리켜 그 자손들이라 하지 아니하시고 오직 한 사람을 가리켜 네 자손이라 하셨으니 곧 그리스도라"(갈 3:15-16)

아브라함의 믿음의 행동은 하나님을 깊이 감동시켰습니다. 하나님은 당신을 감동시킨 아브라함에게 온 세상에 행하실 위대한 구원의 역사를 드러내 주셨습니다. 아브라함의 후손에서 한 씨가 나올 것인데 그로 인해 천하 만민이 복을 받게 된다는 것입니다. 즉 천하 만민이 구원의 복을 누리게 하실 예수님이 오실 것임을 말씀해 주신 것입니다.

이것은 아브라함에게는 엄청난 특혜였습니다. 하나님은 마치 친구에게 하듯이 아브라함에게 당신께서 행하실 위대한 구원의 역사를 말씀해 주신 것입니다. 진실한 신앙인들을 하나님이 이처럼 인정하신다는 사실을 잊지 말아야 하겠습니다.

4. 아브라함의 신앙을 배웁시다.

(1)아브라함은 하나님의 절대주권을 인정했습니다.

아브라함은 하나님의 약속을 믿고 여기까지 왔습니다.

하나님께서는 아브라함에게 본토와 친척 그리고 아비 집을 떠나 하나님이 지시하는 땅으로 가라고 하셨습니다. 그리하면 그를 큰 민족이 되게 하실 것이고, 약속의 땅을 주실 것이라고 하셨습니다. 하나님은 이삭을 통해 아브라함의 후손이 큰 민족을 이루게 될 것임도 분명히 약속하셨습니다. 그런데 그 약속하신 이삭을 드리라고 하신 것입니다.

아브라함은 하나님의 약속이행을 요구하며 따질 수도 있었습니다. 그런데 아브라함은 전혀 그렇게 하지 않았습니다. 그는 묵묵히 하나님의 뜻을 따랐을 뿐입니다. 도대체 그가 이렇게 행한 이유가 무엇일까요? 그것은 하나님만이 절대주권자 이심을 분명히 믿었기 때문입니다. 그는 비록 이삭이 자기 자식일지라도 결국은 하나님이 주신 자식이라는 사실을 깨달았던 것입니다.

(2)아브라함은 하나님의 약속을 그대로 믿었습니다.

아브라함은 하나님이 '이삭을 통해 큰 민족을 이루어 주시겠다'고 약속하신 말씀을 그대로 믿었습니다.

'이삭을 죽이라니 무슨 명령이 이리도 이상하지?'라고 생각할 수도 있었을 것입니다. 하지만 그는 도리어 "만일 내가 이삭을 죽인다 할지라도 하나님은 능히 그를 다시 살리실 것이다."는 위대한 부활의 믿음을 마음에 품었습니다.

"그가 하나님이 능히 이삭을 죽은 자 가운데서 다시 살리실 줄로 생각한지라"(히 11:19)

아브라함이 이삭을 번제로 드리라는 하나님의 명령에 순종할 수 있었던 근본적인 이유가 여기 있습니다. 그는 전능하신 하나님이 이삭을 능히 다시 살리실 것이라는 부활 신앙을 소유했던 것입니다. 이 믿음의 반응으로 그는 믿음의 조상으로 불릴 수 있게 되었습니다.

5. 이 시대를 향한 교훈

(1)하나님만이 절대 주권자이심을 기억합시다.

우리는 매일 하나님이 천지만물을 지으시고 통치하시는 만왕의 왕이시며 만주의 주시라는 의식으로 행동해야 합니다. 우리 안에 이런 의식이 회복되지 않는다면, 삶의 참된 변화는 일어나지 않을 것입니다. 하나님이 주인이시고 나머지 모든 것들은 단지 그의 지으신 피조물에 불과함을 아는 데서 참 신앙생활이 시작됩니다.

(2)진정한 신앙은 자신을 부인하는 자리에 있습니다.

아브라함이 사랑하는 독자를 드린 것은 자신을 철저히 부인한 것이었습니다. 그것은 완전한 헌신이며 의탁이었습니다.

우리의 구원에 있어서 스스로를 의지할 부분은 전혀 없습니다. 자신의 공로나 힘을 의지하는 마음을 버리고 오직 하나님의 은혜만을 바라보아야 한다는 사실을 잊지 마십시오.

영국의 유명한 설교가인 로이드 존스는 걸작 '로마서 강해'에서 이렇게 말했습니다.

"우리는 우리의 구원이 전적인 은혜이며, 오직......하나님의 영원하신 은혜 가운데 있는 그의 사랑으로 말미암아 발생하는 것임을 깨달아야 합니다."

(3) 우리를 새 사람으로 만들어 가시는 하나님의 열심을 잊지 맙시다.

아브라함은 연약하고 부족한 사람이었습니다.

그러나 그의 믿음은 날마다 자랐습니다. 그리고 마침내 독자, 이삭까지도 바칠 정도로 하나님을 믿고 따르는 관계에 이르게 되었습니다. 하나님이 그를 위대한 믿음의 사람으로 새로 빚어주신 것입니다.

우리의 삶도 하나님은 동일하게 인도하십니다. 이 세상에 사는 동안 우리를 향한 하나님의 열심을 바라볼 줄 아는 눈이 열려야 합니다. 우리를 바라보시면서 "OOO아! 좀 더 믿음이 자랄 수는 없겠니? 내가 너의 아름다운 믿음을 보고 싶구나!"하시는 음성을 들을 수 있어야 합니다.

(4)하나님의 사랑을 잊지 맙시다.

하나님께서는 아브라함이 자기 독자 이삭을 바치는 모습을 보시면서 "네가 나를 경외하는 줄 알겠노라"고 하셨습니다. 사람들이 가끔 '과연 하나님이 우리를 사랑하시는가?'를 묻습니다. 그 질문에 대한 대답은 이것입니다.

'하나님이 당신의 독생자를 주시기까지 하셨는데 더 이상 그분의 사랑을 의심할 이유가 어디 있을까요?'

세상 살다가 어려운 일이 일어나기도 합니다.

여러 슬픈 일들을 만나기도 합니다.

그러나 잊지 말아야 할 사실이 있습니다.

하나님이 당신을 참으로 사랑하신다는 것입니다.

하나님은 당신을 위해 자신의 독생자를 주셨다는 것입니다.

이 사실을 잊지 말고 아브라함처럼 절대주권자 되시는 하나님의 뜻에 철저히 순종하며 날마다 승리하는 삶을 사시기를 진심으로 기원합니다.

설교작성에 있어서 7가지 인물 설교 요점 적용

#1. 구속사적, 그리스도 중심적 해석

모리아 산에서 행하여진 아브라함의 제사 장면이 그리스도의 대속적 죽으심과 역사적으로 밀접한 관계가 있음을 설명했습니다. 즉 아브라함이 이삭을 드린 사건은 단순히 아브라함의 헌신적 삶을 교훈하는 것이 아니라, 하나님의 구속의 역사와 밀접하게 연관이 되어 있다는 것입니다. 본 설교에서는 그런 점을 부각시켰습니다.

#2. 하나님에 대한 반응이라는 관점에서 인물의 행위 해석

아브라함이 이삭을 드릴 수 있었던 것은 그가 하나님의 인도하심을 경험했고, 하나님을 향한 신뢰심이 크게 성장했기에 가능했습니다. 그는 하나님이 자기 삶에 베푸시는 놀라운 은혜들을 하나 둘 경험하며 위대한 신앙인으로 성숙해 갔습니다.

그는 하나님의 전능하심과 신실하심을 온전히 믿는 자리까지 자랐습니다. 그렇게 되자 이삭을 바치는 것은 더 이상 그에게 문제가 되지 못했습니다. 자신이 이삭을 죽인다 할지라도 하나님이 능히 다시 살리실 것이라는 부활의 믿음을 갖게 된 그를 넘어뜨릴 수 있는 일은 없었습니다.

#3. 내러티브 본문에 대한 정당한 해석

하나님 나라를 세우시는 분은 철저히 하나님 자신이라는 사실을 여러 차례 지적했습니다.

그런데 아브라함은 이 사실에 얼마나 동의했을까요? 그래서 내러티브의 흐름에서 아브라함이 이삭을 죽이러 가는 과정에서 인간적인 생각이나 상상을 자제하고 본문에 나타난 의미들만을 철저히 살피려고 했습니다.

본문에서 아브라함의 인간적인 고뇌를 찾아 설명하느라 애를 쓰는 경우들이 많습니다. 하지만 본문에는 아브라함이 이삭을 바치는 일로 크게 고뇌를 했다는 사실들이 나타나 있지 않습니다. 도리어 아브라함이 매우 담담하게 그 일을 해 내고 있는 모습만 등장할 뿐입니다. 그 이유는 아브라함이 그 나라를 세우시는 하나님에 대해 바로 인식하였기 때문이라고 할 수 있습니다.

#4. 효과적인 본문의 제시

아브라함이 주저함이 없이 이삭을 바치러 갈 수 있을 정도로 신앙이 성장하기까지 하나님께서 행하신 일들을 먼저 지적함으로 본문의 전체적인 흐름을 통일성 있게 유지했습니다.

#5. 인물의 전기가 되지 않도록 경계

본문을 아브라함의 최고의 헌신이라고 이해하면, 인간적인 전기가 되고 맙니다. 물론 우리는 아브라함의 헌신적 삶에 대해 말할 수 있습니다. 그러나 그 이전에 이런 아브라함의 헌신이 가능하도록 이끌어 가시는 하나님의 손길을 먼저 발견해야 설교가 그 본래의 의무를 다 할 수 있습니다.

#6. 초상황적 적용점 찾기

하나님의 주권자 되심이나 부활에 대한 신자의 굳건한 신앙과 같은 것들은 언제까지도 변하지 않을 신앙의 요점입니다.

#7. 시대에 맞는 적실성 있는 적용

아브라함과 같이 연약한 믿음의 사람을 부활을 믿음으로 자식까지 제물로 드릴 수 있는 위대한 믿음의 사람으로 빚어 가시는 하나님의 인도하심을 믿고, 이 시대를 살아가는 우리도 하나님을 철저히 의지하며 살아감이 마땅합니다.

제16장

믿음으로 사는 사람

창세기 23장 1-20절

사라는 127세에 생을 마쳤습니다.

사라의 죽음으로 아브라함은 몹시 슬펐지만, 정신을 차리고 사라의 매장지를 찾기 시작합니다. 아브라함은 사라가 마지막 숨결을 남기고 간 그 지역에 그녀를 매장하고 싶었습니다. 하지만 그렇게 하기 위해서는 그 땅 지도자들로부터 허락을 받아야만 했습니다.

아브라함은 그곳의 원주민인 헷 족속에게 사라를 매장할 장소를 허락해 달라는 요청을 했습니다.

아브라함은 이미 오래 전부터 그 지역에 정착해 살고 있었고, 그들이 "당신은 우리 가운데 있는 하나님이 세우신 지도자"(6절)라고 할 만큼 추앙을 받고 있었습니다. 그러므로 헷 사람들은 거부감 없이 아브라함의 요청을 수락했습니다. 아브라함은 공손하게 몸을 굽히면서 자신이 원하는 사라의 매장지를 구체적으로 요청합니다. 그곳은 에브론의 막벨라의 굴이었습니다. 에브론은 아브라함의 말을 듣고 친절하게 대답을 합니다.

"내 주여 그리 마시고 내 말을 들으소서 내가 그 밭을 당신에게 드리고 그 속의 굴도 내가 당신에게 드리되 내가 내 동족 앞에서 당신에게 드리오니 당신의 죽은 자를 장사하소서"

(11절)

즉, 공짜로 그곳을 사용하라는 것입니다. 하지만 아브라함은 정중하게 그의 제안을 거절하고 그 땅을 사고 싶다는 제안을 합니다.

"당신이 합당이 여기면 청하건대 내 말을 들으시오 내가 그 밭 값을 당신에게 주리니 당신은 내게서 받으시오 내가 나의 죽은 자를 거기 장사하겠노라"(13절)

아브라함의 제안에 대해 에브론은 넌지시 은 400세겔을 제안했습니다. 아브라함은 그 돈을 지불하고 그곳을 자기 소유로 삼은 후, 그곳에 사라를 장사했습니다.

이 말씀을 통해 우리가 깨달을 수 있는 귀중한 교훈들이 있습니다.

1. 하나님이 아브라함을 이방인들 가운데서 크게 높여 주셨다는 사실입니다.

그 땅 사람들은 아브라함을 "하나님이 세우신 지도자"(6절)라고 했습니다. 더군다나 에브론은 아브라함을 "내 주여"(11절)라고 호칭하기까지 했습니다.

이것은 당시 그 땅 원주민들이 아브라함을 매우 존귀하게 여겼음을 증거 합니다. 우리는 여기서 아브라함이 이처럼 존귀하게 여김을 받게 된 근본적인 이유가 있다는 사실을 놓치지 말아야 합니다.

본문에서 그 땅 원주민들은 하나님이 아브라함을 세우셨다고 말했습니다. 우리는 이 표현에 주목할 필요가 있습니다. 그것은 아브라함 스스로의 힘으로 그 땅의 지도자로 선 것이 아니라, 하나님이 그를 그 땅 사람들 앞에 지도자로 세워 주셨다는 것입니다. 아브라함을 그 땅에서 높여 주신 분은 바로 하나님이셨습니다.

하나님은 아브라함을 우르에서 불러내신 후 사라가 죽는 순간까지 신실하게 그의 삶을 인도하시며 보호하셨습니다. 많은 일들이 있었지만 하나님은 약속하신 대로 아브라함의 삶을 인도하신 것입니다.

2. 하나님의 은혜를 알고 믿음으로 사는 자의 자세를 알 수 있습니다.

아브라함은 자신의 삶을 인도하여 주시는 하나님을 향하여 믿음으로 반응했습니다.

아브라함의 믿음은 그 땅에 자신의 소유지를 장만하려고 노력하는 모습 속에 잘 나타납니다. 아브라함은 공짜로 묘실을 쓰게 해 주겠다는 헷 사람들의 제안을 거절하고 끝까지 묘실을 구입하겠다고 했습니다. 아브라함이 묘실의 소유에 이토록 깊은 관심을 기울이는 이유는 무엇이었을까요?

앞서 우리는 브엘세바(7개의 우물)에서 아비멜렉에게 우물의 소유권을 주장한 아브라함의 자세에 대하여 이미 살펴보았습니다. 당시 아브라함은 약속의 땅에서 겨우 자기 우물의 소유권만을 얻었을 뿐이었습니다. 만일 우물이 마르고 만다면 아브라함은 그 땅에 조금의 소유도 없는 상태로 돌아가는 것입니다. 그런데 오늘 말씀에서는 아브라함이 그보다 더 나아가 약속의 땅을 직접 자신의 것으로 만들어가는 모습이 나타난 것입니다. 아브라함의 이런 행위가 보여 주는 바는 분명합니다.

(1) 아브라함은 하나님이 자신을 그 땅에 보내실 때 주신 약속을 잊지 않았던 것입니다.

아브라함이 이 땅을 소유하고자 하는 이유는 너무나 분명합니다. 하나님이 그 땅을 자신과 후손에게 주시겠노라고 약속하셨기 때문입니다. 아브라함은 그 땅을 많은 증인들 앞에서 거래하기를 원했습니다. 그리고 에브론이 제안한 금액을 요구한 대로 다 지불했습니다. 그가 이렇게 한 이유는 그 거래에 대해 어떤 잘못도 없었다는 사실을 확증하고 싶었기 때문이었을 것이라는 생각이 듭니다. 여기서 우리는 그 땅을 자기 것으로 소유하고자 하는 아브라함의 열정을 찾아볼 수 있습니다. 아브라함은 지금까지 이 땅에 들어와 나그네로 살면서 자신의 땅을 조금도 소유하지 못했습니다. 하지만 이제 그는 마침내 약속의 땅에 자신의 소유지를 갖게 된 것입니다.

a. 그는 하나님의 약속을 진지하게 받아들였습니다.

그는 "하나님이 약속의 땅을 주시겠노라고 말씀하셨지만, 그것은 정말 이 땅을 주신다는 말씀은 아닐지도 몰라!"라는 식으로 생각하지 않았습니다. 그는 분명히 하나님이 이 땅을 주신다는 약속을 하셨기에 그 약속을 믿고, 그 땅을 소유해야겠다고 생각한 것입니다.

b. 오랜 시간이 흘러갔지만 그의 믿음은 약해지지 않았습니다.

아브라함이 약속을 받은 후 많은 시간이 흘러갔습니다. 하지만 그는 한 번 받은 약속을 잊지 않았습니다. 그것은 하나님이 자신과 동행하고 계심을 늘 확신하고 있었기 때문일 것입니다. 하나님께서는 그의 믿음의 삶을 귀히 여겨, 그를 높여 주셨습니다.

  c. 인간적인 슬픔이나 상황이 그의 삶의 목적을 바뀌게 하지
     못했습니다.

아브라함은 평생을 함께 고락을 나누어 온 아내를 잃어버렸습니다. 정말 힘든 시간이었을 것입니다. 보통 사람이라면 아무 것도 생각하고 싶지 않았을 것입니다. 하지만 그런 상황에서도 아브라함은 여전히 하나님께서 자신에게 주신 약속에 마음을 두고 있었던 것입니다. 여기서 우리는 그의 인생의 목적이 오직 한 방향을 향하고 있었다는 사실을 알 수 있습니다. 우리는 아브라함에게서 이러한 열심을 배워야 합니다. 신자는 언제 어떤 상황에서라도 하나님 나라의 일을 생각할 줄 알아야 합니다.

  (2) 하나님은 아브라함이 믿음으로 약속의 땅을 소유하려는 것을
      허락하셨습니다.

아브라함이 이 땅을 소유할 수 있었던 가장 중요한 이유는 하나님께서 이방인들 가운데서 그를 존귀하게 해 주셨기 때문입니다. 그는 하나님이 세우신 지도자로 추앙을 받았습니다. 아브라함은 이런 하나님의 은혜가 있었기에 이 땅을 소유할 수 있었던 것입니다. 우리가 믿음으로 살고자 할 때, 하나님은 우리의 믿음

에 응답하시는 좋은 아버지가 되십니다.

(3) 하나님은 아브라함이 그 매장지를 소유할 수 있게 하심으로
당신이 이루어 주실 약속 성취의 날을 기대하게 하셨습니다.

그 땅 전체를 주시겠다는 약속으로 본다면 정말 보잘 것 없는 것일 수도 있겠지만, 아브라함은 약속의 땅에서 처음으로 자기 땅을 소유했습니다.

아브라함이 믿음으로 이 땅을 자기 소유물로 구입한 것은 마치 엘리야가 3년 반이나 오지 않던 비를 위해 기도할 때에 바다 끝에서 나타나기 시작한 손바닥 크기의 구름과 같은 것이라고 해도 좋을 것입니다. 그 작은 구름은 커다란 비를 몰고 오는 기쁜 소식의 전조였습니다.

하나님은 아브라함에게 그 땅의 일부를 소유할 수 있게 해 주심으로 그가 그 땅의 주인이 될 것임을 전조로 보여 주신 것입니다. 하나님이 약속하신 대로 그와 그 후손이 참으로 그 땅의 주인으로 살면서 번성하는 일이 이루어질 것임을 미리 보여 주신 것입니다.

3. 우리를 향한 교훈

(1)우리도 약속에 대한 믿음을 놓치지 말아야 합니다.

우리에게 필요한 것도 바로 하나님의 약속에 대한 동일한 믿음입니다. 많은 사람들의 믿음이 점점 식어져 가고 있습니다. 성경의 말씀들을 단지 신화적 사고를 가진 고대인들의 어리석은 말들로 생각하는 사람들이 교회 안에도 많이 존재합니다.

미국의 한인교회 목사가 이런 글을 쓴 것을 보았습니다.

"이스라엘 군대가 아모리 족속과 전쟁하는 얘기가 나오는데 그때는 바다가 갈라지는 정도가 아니라 태양이 멈춰 버렸다는 거다. 와, 태양이 멈췄단다! 놀랍지 않은가? 달이 멈췄다고 해도 놀라 자빠질 텐데 태양이 멈췄다니, 이게 어디 보통 일인가.

이것은 현재 우리가 갖고 있는 생각과는 하늘과 땅 차이만큼 다르다. 태양이 멈춘다면 그건 지구가 자전을 멈춘다는 말이 된다. 우린 그들과 달리 이런 사실을 알고 있다. 만일 지구가 자전을 멈춘다면, 그런 일은 절대 일어나지 않겠지만 (공상 과학 영화에서도 이런 경우는 못 봤다.) 그래도 일어난다면 어떻게 될까?

어떻게 되긴 뭘 어떻게 되나, 그냥 다 죽는 거지!

하지만 여호수아 10장을 적어서 후대에 전한 사람들은 이와 같은 과학 지식을 갖고 있지 않았다. 그래서 그런 엄청난 일이 벌어졌다고 감히 '증언'하고 있는 거다. 하나님이 얼마나 위대한지를 보여 주려고! 그 힘으로 자기들을 전쟁에서 승리하게 해 줬다고 말이다. 어떤 사람은 하나님은 못하는 일이 없기에 지구가 멈췄다 해도 아무도 죽지 않게 할 수 있다고 주장하더라. 그런 분은 그렇게 믿으셔야 한다. 그렇게 믿으시기 바란다. 나도 그런 분에

겐 할 말이 없다."

　그는 지금 성경대로 믿는 일을 조롱하고 있습니다.

　이런 일들을 어떻게 믿을 수 있냐고 비웃는 것입니다. 그렇다면 그는 어떻게 천지창조를 믿을 수 있을까요?

　천지를 창조하신 하나님이 그것을 원하시는 대로 움직일 수 있는 힘이 없다고 한다면, 그는 이 자연세계는 언제나 지금과 같은 법칙에 의해 움직여야 한다는 믿음을 가지고 있는 것이 아니겠습니까? 결국 이런 분들의 말은 이성적으로는 그럴 듯해 보이지만 결국 아무 것도 믿을게 없다는 것이고, 결국 자신의 이성적인 생각과 판단만을 믿는다고 말하는 것입니다.

　당신에게 성경은 어떤 책입니까?

　분명하게 이 말씀은 하나님의 말씀이며 반드시 이루어질 약속입니까? 그렇다면 지금 당신은 어떤 약속의 말씀을 붙잡고 세상을 살아가고 계십니까? 아브라함이 그 땅에 대한 약속을 믿은 것처럼 우리는 천국에 대한 약속을 믿고 하루하루를 살아가야 할 것입니다.

　예수 그리스도께서 영원한 왕이 되셔서 통치하실 천국을 사모합시다. 하나님께서 약속하신 대로 당신의 나라를 우리 가운데 이루실 것입니다.

(2) 하나님의 약속을 믿는다면 그 약속 안에서 모든 일을 행해야
　　합니다.

아브라함은 하나님의 약속을 믿었기에 그 땅을 소유하기 시작
했습니다. 그 땅을 모두 자신의 것으로 만든다는 것은 그 땅을 빼
앗아 차지하기 전에는 불가능한 일이었습니다. 아마 처음부터 아
브라함이 이 땅은 앞으로 내 것이 될 것이라고 했다면 사람들은
모두 그를 미쳤다고 했을 것입니다. 그 땅의 원주민들을 정복하
지 않는 한 어떻게 아브라함이 그 땅의 주인이 될 수 있겠습니
까?

그러나 아브라함은 그처럼 말도 안 되는 사실을 믿고 자신이
할 수 있는 지극히 작은 일을 시작한 것입니다. 믿음의 역사는 이
렇게 하나님의 말씀을 믿고 작은 발걸음을 내딛는 것으로부터
시작됩니다.

아브라함이 약속의 땅을 소유하기 위해 최선을 다하는 모습은
오늘을 살아가는 우리에게 강력한 도전을 줍니다. 오늘날 우리도
그 나라가 이 땅에 이루어질 것처럼 믿음의 마음을 가지고 살아
가야 합니다.

a. 무엇보다 먼저 우리는 그 나라가 당장이라도 이루어질 것처
럼 복음을 전하는 자들이 되어야 합니다.

b. 또한 우리의 삶 가운데 하나님의 통치가 실현되도록 하루하
루 주의 백성으로 살기를 힘써야 합니다.

이런 작은 노력들이 결국 위대한 삶의 변화들을 일으키게 되는 것입니다. 오늘날 교회의 문제는 바로 이런 의식이 사라졌기 때문에 나타나는 현상이라 할 수 있을 것입니다.

(3)하나님은 마침내 당신의 약속을 이루십니다.

믿음의 사람들은 반드시 하나님의 약속이 이루어지는 날을 보게 될 것입니다. 아브라함 당대에 보지 못했지만, 마침내 그에게 약속하신 대로 하나님께서는 이스라엘에게 약속하신 모든 땅을 허락해 주셨습니다.

우리를 향한 성경의 약속들도 반드시 이루어질 것입니다.

그 나라가 임할 것입니다.

주께서 영원히 통치하실 것입니다.

그러므로 우리의 신앙은 "마라나타!"(주 예수여 속히 오시옵소서!)가 되어야 합니다.

이것이 매일 우리의 구호가 되어야 합니다.

깨어 근신하며 기도해야 합니다.

주의 나라가 임하기 때문입니다.

믿음을 버리는 세대 한 가운데서 우리는 믿음으로 살아갑시다.

약속을 이루실 하나님을 잊지 말고 살아갑시다.

설교작성에 있어서 7가지 인물 설교 요점 적용

#1. 구속사적, 그리스도 중심적 해석

하나님은 당신께서 하신 약속대로 아브라함을 그 땅에서 번성하게 하셨습니다. 그가 처음 자기 본토를 떠날 때에는 누군가에 의해 살해당할 수도 있다는 두려운 마음을 가지고 있었습니다. '위기 상황에서는 사라를 누이라 하리라'는 계획을 고향을 떠날 때부터 계획했던 것에서도 그의 이런 두려워하던 마음을 알 수 있습니다. 그런데 하나님은 약속하신대로 그의 가정을 지켜주셨습니다. 그리고 이제 그 땅 사람들에게 "하나님의 지도자"라는 소리까지 듣게 해 주신 것입니다.

무엇보다 아브라함이 이방인들로부터 "하나님의 지도자"란 소리를 듣게 된 사실에서 우리는 아브라함을 실제적으로 지키고 보호하시는 분이 하나님이시라는 사실이 분명하게 드러날 정도로 하나님이 두드러지게 그를 지키시고 보호하셨음을 알 수 있습니다. 이 사실이 바로 본문의 핵심 내용이라 할 수 있습니다.

#2. 하나님에 대한 반응이라는 관점에서 인물의 행위 해석

아브라함도 약속에 신실하신 여호와 하나님께 점점 더 믿음으로 반응할 줄 아는 사람으로 성숙했습니다. 그는 하나님이 명령하신대로 아들을 바칠 수 있을 정도의 믿음을 갖추었습니다. 그리고 오늘 말씀에서도 자기 아내의 죽음 이후 매장지를 구입하는 일련의 과정을 통해 하나님이 정말 그 땅을 자기와 자기 후손에게 주실 것이라는 믿음을 드러낸 것입니다. 결국 아브라함은 자기에게 신실하신 하나님 앞에 늘 믿음의 반응을 나타냄으로 기쁨을 드릴 줄 아는 사람이었던 것입니다.

#3. 내러티브 본문에 대한 정당한 해석

본문 내러티브를 단순히 아내를 잃은 아브라함의 노년의 슬픔이나 고난의 문제, 혹은 이방인들 앞에서 그가 취하는 태도를 중심으로 해석한다면 "가족을 잃은 슬픔을 딛고 일어나자"라든지, "아브라함처럼 이방 세계 한 가운데서 예절 바르게 살자"혹은 "품위 있게 살자"는 식의 제목으로 얼마든지 본문에 대한 설교들을 할 수도 있을 것입니다. 그러나 사실 이런 것들은 본문의 중심 내용은 될 수 없습니다. 본문은 성경의 전체적인 내용 안에서 해석이 되어야 합니다.

#4. 효과적인 본문의 제시

본문의 내용을 제대로 파악하기 위해서는 아브라함이 굳이 에브론의 땅값을 깎지도 않고 지불한 이유가 무엇인지를 자세히 살필 필요가 있습니다. 이런 분석이 없이는 본문을 온전히 파악하기 어렵습니다. 그 땅에서 나그네요 우거하는 자로 살 수밖에 없던 아브라함이 마침내 그 땅을 자기 소유물로 만드는 이 순간은 사실상 그 땅을 주시겠다고 하신 하나님의 약속이 성취되기 시작하였음을 보여 주는 중요한 표식이 됩니다.

#5. 인물의 전기가 되지 않도록 경계

앞에서도 지적했지만 본문에서 단순히 아브라함의 인격에 대한 교훈을 얻으려 해서는 안 됩니다. 하나님이 하신 약속과 그것이 성취되는 전 과정에서 아브라함이 어떻게 믿음으로 반응하고 있는지가 본문의 핵심입니다. 그래야 본문을 하나님의 계시로 읽게 됩니다.

#6. 초상황적 적용점 찾기

하나님이 약속하신 일을 이루신다는 것과 신실하게 당신의 약속을 이루시는 하나님 앞에 그 백성이 믿음으로 반응할 줄 아는 자들이 되어야 한다는 교훈은 언제나 동일합니다.

#7. 시대에 맞는 적실성 있는 적용

오늘을 살아가는 우리들에게도 하나님이 주신 약속들이 있습니다. 우리에게는 주님의 재림에 대한 약속이 있습니다. 또한 신실한 자들의 삶에 대한 보상의 약속들도 있습니다. 우리가 아브라함과 동일한 신앙인들이라면 이런 약속들에 대해 믿음의 반응을 보일 줄 알아야 합니다.

제17장

이삭의 배우자 찾기

창세기 24장 1-9절

본문은 이삭의 배우자를 찾는 이야기입니다.

여기서부터 이야기의 주인공이 이삭으로 바뀌기 시작합니다. 아브라함이 독자 이삭의 배우자를 정하는 과정을 통해 우리는 하나님 나라 백성의 노년의 삶에 관한 풍성한 교훈을 얻을 수 있습니다.

1. 하나님은 아브라함에게 풍성한 복을 주셨습니다.

"아브라함이 나이가 많아 늙었고 여호와께서 그에게 범사에 복을 주셨더라."(1절)

우리가 하나님이 원하시는 믿음의 삶을 살 때에 하나님께서는 놀라운 은혜와 복을 부어 주십니다.

요한복음15장 7절에는 "너희가 내 안에 거하고 내 말이 너희 안에 거하면 무엇이든지 원하는 대로 구하라 그리하면 이루리라"는 약속이 있습니다.

에베소서 3장 10절에서 바울은 하나님에 대해 "우리 가운데서 역사하시는 능력대로 우리가 구하거나 생각하는 모든 것에 더 넘치도록 능히 하실 이"라고도 했습니다.

참으로 하나님은 믿음의 사람들에게 충만한 은혜와 복을 주시는 분이심이 분명합니다.

하나님이 주시는 복으로 당신의 삶이 충만하기를 기원합니다. 무엇보다 노년으로 갈수록 하나님의 은총을 더 풍성하게 누리시길 바랍니다.

2. 하나님의 약속에 대해 더 굳건한 믿음의 반응을 보이는 아브라함

(1)아브라함은 하나님의 약속을 굳게 신뢰합니다.

본문에는 아브라함이 며느리를 얻기 위해 종을 자기 고향으로 보내는 장면이 나옵니다. 아브라함은 며느리를 가나안 사람들 중에서 얻으려 하지 않았습니다.

"너는 내가 거주하는 이 지방 가나안 족속의 딸 중에서 내
  아들을 위하여 아내를 택하지 말고 내 고향 내 족속에게로
  가서 내 아들 이삭을 위하여 아내를 택하라"(3-4절)

이 말씀은 흔히 아브라함은 불신 결혼보다 신앙인들끼리의 결
혼을 좋아했다는 식으로 해석이 됩니다. 신앙인들끼리 결혼할 수
있다면 그것은 좋은 일입니다. 하지만 이 본문이 그러한 의미를
담고 있다 해석하는 것은 무리가 있습니다.

무엇보다 아브라함이 떠나온 본토 사람들이 믿음의 사람들이
었다는 증거가 없습니다. 아브라함의 아버지 데라는 우상을 섬기
던 사람이었습니다. 그의 형제도 다를 것은 없었을 것입니다. 그
러므로 아브라함이 자기 고향 사람을 찾아 결혼을 시키고자 하
는 것이 신앙인들끼리 짝을 지어 주기 위함이라고 해석하는 것
은 바른 것이 아닙니다.

그런 뜻이 아니라면 혹시 아브라함이 민족주의적인 생각을 했
던 것은 아닐까요?

물론 이방세계인 이곳 사람들보다 자기 본토인을 며느리로 삼
는 것이 훨씬 더 문화적으로 자연스럽다는 생각을 했을 수도 있
었을 것입니다. 그러나 아브라함이 며느리를 찾기 위해 종을 보
내면서, 하나님이 그보다 먼저 하나님의 사자를 자기 고향에 보
내셔서 이삭의 아내를 고르기 위해 일을 하실 것이라고(7절) 한

사실로 미루어 생각할 때, 단지 민족주의적인 생각 때문에 본토 사람을 찾았다고 하기도 어렵습니다. 그의 행동에는 분명히 신앙적 의미가 담겨져 있었습니다. 그는 도대체 왜 며느리를 본토에서 찾았던 것일까요?

아브라함의 삶에서 가장 중요한 것은 그가 하나님의 말씀을 따라 순종하며 살아왔다는 점입니다. 이것은 하나님 나라 백성의 가장 중요한 특징입니다. 하나님 나라 백성은 하나님의 음성을 듣습니다. 주님은 "내 양은 내 음성을 안다"고 하셨습니다. 이 점이 본문을 이해하는데 매우 중요합니다.

아브라함이 지금 아들의 결혼을 위해 종을 자기 고향에 보내는 일은 분명히 하나님의 말씀과 관련이 있는 것입니다. 그렇다면 아브라함이 생각하는 하나님의 말씀이 무엇이었을까요? 그것은 바로 가나안에 족속에 대한 노아의 저주입니다. 아브라함은 가나안 족속을 향한 자기 조상 노아의 저주를 생각한 것입니다.

홍수 이후에 노아는 술에 취해 잠이 든 적이 있었습니다. 그 때에 함이 자기 아버지가 벌거벗고 자는 모습을 형제들에게 떠벌렸습니다. 하지만 셈과 야벳은 아버지의 하체를 보지 않고 뒷걸음질 쳐 들어가 아버지의 수치를 가려드렸습니다. 노아가 잠에서 깬 후 이 사실을 알았습니다. 그 때 노아는 함의 아들 가나안에 대해 "가나안은 저주를 받아 그의 형제의 종들의 종이 되기를 원하노라"(창 9:25)는 무서운 말을 했습니다. 하지만 아브라함의 조상인 셈에 대해서는 "셈의 하나님 여호와를 찬송하리로다. 가나안은 셈의 종이 되고...."(26절) 라는 축복의 말을 해 준 것입니다.

아브라함은 이제 하나님의 말씀에 대한 확고한 믿음을 가진 사람이 되었습니다. 그런데 그 말씀에 '가나안은 저주를 받아 형제들의 종이 된다. 가나안은 셈의 종이 된다.'고 한 것입니다. 아브라함이 이 말씀을 믿고 있었다면, 가나안 사람들 중에서 이삭의 아내를 찾아주려는 생각을 하기란 매우 어려웠을 것임이 분명합니다. 자기 자식을 종 될 사람에게 주고 싶은 아버지가 누가 있겠습니까? 결코 그럴 수는 없는 것입니다. 그는 자신의 고향으로 사람을 보내 거기서 며느리를 찾는 것을 당연한 일로 여겼을 것입니다.

특히 그는 하나님이 가나안은 셈의 종이 된다고 하신 말씀에 깊은 관심을 기울였을 것입니다. 하나님의 약속의 말씀에 의하면 이 땅의 주인은 바로 셈의 후손인 자신들이 될 것임이 분명했습니다. 결국 아브라함이 며느리를 고향에서 찾아오게 한 것은 단순히 민족주의적인 사고 때문이거나, 신앙인들끼리 혼인을 시키려는 목적 때문이 아니라, 오직 하나님의 말씀에 대한 확고한 믿음 때문이었음을 알아야 합니다.

(2) 아브라함은 이 땅을 결코 떠나서는 안 된다는 사실을 강조합니다.

아브라함의 종은 아브라함에게 '마음에 맞는 이삭의 며느리 감을 만났지만 만일 그녀가 가나안으로 오기를 싫어한다면 이삭을 데리고 그리로 가야할지'에 대해 물었습니다. 아브라함은 결코 그렇게 해서는 안 된다고 대답합니다.

"내 아들을 그리고 데리고 돌아가지 아니하도록 하라....하늘의 하나님 여호와께서 나를 내 아버지의 집과 내 고향 땅에서 떠나게 하시고 내게 말씀하시며 내게 맹세하여 이르시기를 이 땅을 네 씨에게 주리라 하셨으니 ......만일 여자가 너를 따라 오려고 하지 아니하면....오직 내 아들을 그리고 가지 말지니라"(6-8절)

여기서 아브라함의 신앙이 다시 한 번 분명하게 드러납니다. 100세에 낳은 자식의 혼인은 그에게 무엇보다 시급한 일이었습니다. 그의 아내 사래는 이미 세상을 떠났습니다. 사래보다 나이 많은 아브라함 역시 자신의 앞날을 예단하기 어려웠을 것입니다. 이런 상황에서 아브라함이 독자 이삭의 결혼에 깊은 관심을 기울이는 것은 지극히 당연한 일이었습니다. 그럼에도 불구하고 그는 이삭의 결혼 보다 하나님의 약속 안에 머무는 일이 중요함을 고백한 것입니다. 그것이 이삭을 그곳으로 데려갈 수 없다는 생각으로 드러난 것입니다.

3. 우리 시대를 향한 도전과 교훈

(1)말씀의 약속에 대한 온전한 믿음으로 살아갑시다.

우리가 하나님 나라의 백성이라고 한다면 하나님의 말씀이 우리에게 의미가 있어야 마땅합니다. 하나님의 말씀은 반드시 이루어질 말씀입니다. 아브라함은 가나안을 주신다고 하신 하나님의 약속을 믿었습니다. 가나안 사람들이 자기보다 큰 힘을 갖고 주류를 이루고 있는 것처럼 보이는 현실에도 불구하고 그는 이런 외적인 조건이나 환경만을 바라보지 않았습니다. 결국 모든 것이 하나님의 말씀대로 될 것이라고 그는 믿었던 것입니다.

우리에게도 하나님의 약속들이 주어져 있습니다.
"이 세상이나 세상에 있는 것들을 사랑하지 말라 누구든지 세상을 사랑하면 아버지의 사랑이 그 안에 있지 아니하니 이는 세상에 있는 모든 것이 육신의 정욕과 안목의 정욕과 이생의 자랑이니 다 아버지께로부터 온 것이 아니요 세상으로부터 온 것이라 이 세상도 그 정욕도 지나가되 오직 하나님의 뜻을 행하는 자는 영원히 거하느니라"(요일 2:15-17)

우리는 주님의 이런 주님의 약속들을 믿어야 합니다. 베드로 사도는 이렇게 편지했습니다.
"먼저 이것을 알지니 말세에 조롱하는 자들이 와서 자기의 정욕을 따라 행하며 조롱하여 이르되 주께서 강림하신다는 약속이 어디 있느냐 조상들이 잔 후로부터 만물이 처음 창조될 때와 같이 그냥 있다 하니 이는 하늘이 옛적부터 있는 것과 땅이 물에서 나와 물로 성립된 것도 하나님의 말씀으로 된 것을 그들이 일부러 잊으려 함이로다 이로 말미암아 그 때에 세상은 물이 넘침으로 멸망하였으되 이제 하늘과 땅은 그 동일한 말씀으로 불사르기 위하여 보호하신 바 되어 경건하지 아니한 사람들의 심판과 멸망의 날까지 보존하여 두신 것이니라"(벧후 3:3-7)

이 세상이 멸망 받을 운명이라는 사실을 우리는 얼마나 진실한 약속으로 믿으며 살고 있을까요?

"누구든지 생명책에 기록되지 못한 자들은 불 못에 던져지더라"(계 20:15)

우리가 참으로 약속의 말씀들을 믿는다면 마땅히 멸망할 세상과 하나 되는 것을 주의할 것입니다. 아브라함처럼 자신을 그 세상과 구별하기를 기뻐할 것입니다. 우리는 세상에 속한 사람들의 행실을 버려야 합니다.

"육체의 일은 분명하니 곧 음행과 더러운 것과 호색과 우상 숭배와 주술과 원수 맺는 것과 분쟁과 시기와 분냄과 당 짓는 것과 분열함과 이단과 투기와 술취함과 방탕함과 또 그와 같은 것들이라 전에 너희에게 경계한 것같이 경계하노니 이

런 일을 하는 자들은 하나님의 나라를 유업으로 받지 못할 것이요....”(갈 5:19-21)

하나님 나라를 유업으로 받기를 원한다면 이런 삶을 떠나야 합니다. 그리고 “사랑과 희락과 화평과 오래참음과 자비와 양선과 충성과 온유와 절제”의 삶을 실천해야 합니다.

(2) 이 세상 그 무엇보다 하나님 나라의 일을 소중하게 여기며 살아갑시다.

아브라함은 이 땅에서 하나님이 약속하신 축복을 누리기 위해 자신이 떠나온 세계로 이삭을 결코 돌려보낼 수 없다고 생각했습니다. 그는 이삭이 혼인을 하는 일보다 더 중요한 것은 바로 하나님의 약속 안에 머무는 것이라고 생각했습니다.

우리는 하나님 나라의 일을 어느 정도나 소중히 여기며 살고 있는지를 스스로 물어 볼 수 있어야 합니다. 우리는 과연 그 나라를 위해 자기희생을 치를 각오를 가지고 살고 있는 것일까요?

아브라함은 하나님의 약속이 반드시 이루어질 것이라고 믿었습니다. 그는 하나님의 약속만을 의지하고 결코 흔들리지 않았습니다. 그는 계속해서 하나님의 약속을 이루는 길로 전진했습니다. 세상의 무엇보다 하나님의 약속을 소중히 여겼습니다.

우리 안에도 이런 신앙이 있어야 합니다. 주님은 이런 신앙인들을 찾으십니다.

주님의 나라는 반드시 이루어집니다. 아브라함에게 주신 하나님의 약속들은 다윗 시대에 모두 문자적으로 성취가 되었습니다. 다윗 시대에 하나님은 아브라함에게 약속하신 모든 땅을 이스라엘에게 주셨습니다. 아브라함의 후손에게 약속하신대로 그 땅을 주신 것입니다. 그리고 든든한 나라가 이루어지게 하셨습니다.

이제 우리를 향한 약속들도 이루어질 것입니다.
주님이 약속하신 하나님의 나라가 임할 것입니다.
끝까지 믿음을 지킨 모든 사람들이 그 나라에 참여할 것입니다.
시대가 흔들리고 많은 변화들이 일어나고 있습니다. 하지만 굳건한 믿음 위에 서서 흔들리지 말아야 합니다. 우리는 하나님의 백성이라는 사실을 결코 잊지 말고 담대하게 주를 위한 삶을 살아야 합니다. 마침내 우리에게 주신 모든 약속들이 이루어지는 날이 오고야 말 것입니다.

설교작성에 있어서 7가지 인물 설교 요점 적용

#1. 구속사적, 그리스도 중심적 해석

하나님은 당신의 말씀대로 모든 것을 다스리십니다. 하나님은 선지자 노아를 통해 하신 모든 말씀을 이루셨습니다. 그 말씀대로 셈의 후손인 아브라함을 부르셨습니다. 그를 가나안으로 인도하셨습니다. 그리고 그 땅의 주인이 될 준비를 하게 하셨습니다. 우리는 이 모든 일을 이루어 가시는 분이 하나님이시라는 사실을 잊지 말아야 합니다.

#2. 하나님에 대한 반응이라는 관점에서 인물의 행위 해석

아브라함이 며느리를 자기의 고향 땅에서 찾게 한 이유는 하나님이 말씀하신 대로 행하시는 분이심을 알았기 때문입니다. 그것을 알게 된 아브라함은 철저히 하나님의 말씀에 주목합니다. 당시 가나안족속은 노아를 통해 저주를 받은 민족이었습니다. 이 사실을 아는 아브라함은 자기 아들을 저주 받은 민족과 혼인 시킬 수 없었던 것입니다.

#3. 내러티브 본문에 대한 정당한 해석

본문 내러티브는 흔히 아브라함의 종이 보여주는 충성스러운 삶이나 신자들끼리의 혼인을 교훈하는 말씀으로 해석되는 경우들이 많습니다. 그러나 이런 해석은 성경의 전체적인 흐름을 고려하지 않은 것이라고 생각됩니다. 본문의 내러티브는 앞서 지적한 바와 같이 노아가 자기 후손들에게 한 예언의 말씀과 밀접한 관계가 있는 것입니다. 그렇게 성경이 구전되어 온 것임이 분명하기 때문입니다.

#4. 효과적인 본문의 제시

아브라함이 자기 고향과 본토 아비 집을 떠날 때에 그의 아버지는 분명히 우상을 숭배하는 사람들 중의 하나였습니다. 그런데 아브라함이 자기 고향에서 며느리를 찾는다는 말씀을 믿는 며느리를 얻기 위함이라고 해석하는 것은 앞뒤가 맞지 않습니다. 설교자는 이런 면을 잘 고려해서 본문을 설명할 수 있어야 합니다.

#5. 인물의 전기가 되지 않도록 경계

본문을 "아브라함이 신앙적으로 며느리를 찾으려 했다"라든지 혹은 "아브라함의 종이 신실하게 자기 주인의 명령을 따른 것 같이 우리도 신실하게 직장생활을 해야 한다"라는 내용을 교훈하는 것으로 이해해서는 안 됩니다. 이런 이해 방식은 본문을 인물 전기로 만드는 것입니다.

그가 며느리를 자기 고향에서 찾는 것에는 분명한 신앙적 이유가 있었습니다. 이것을 깨닫지 못한다면 본문의 진면목을 볼 수 없습니다. 며느리를 본토에서 찾는 이유는 이미 셈의 후예를 통해 그 나라를 세우시려 하시는 하나님의 섭리와 계획이 표명

되었기 때문으로 보아야 합니다. 이렇게 사고하면 본문을 단순히 한 사람의 전기로 보는 관점을 피할 수 있을 것입니다.

#6. 초상황적 적용점 찾기

하나님은 말씀대로 행하십니다. 이 명백한 사실은 우리에게 "신자라면 누구라도 말씀에 주의하고 따르는 것이 마땅하다"는 사실을 주지시켜 줍니다. 이런 사실은 결코 변하지 않는 진리입니다.

#7. 시대에 맞는 적실성 있는 적용

우리 앞에는 하나님의 약속의 말씀이 여전히 남아 있습니다. 우리는 아브라함처럼 말씀이 이루어질 것을 확신하며 매일을 살아야 합니다. 하나님의 약속이 성취될 것을 믿는다면, 그 모든 약속들이 우리의 삶에 이루어지기까지 인내하며 기다려야 할 것입니다.

하나님은 항상 동일 하십니다

한 세대가 가고 새로운 세대가 오는 것이 인간 세상의 자연스러운 이치입니다. 하지만 세대는 바뀌어도, 하나님은 항상 동일하십니다. 아브라함의 세대는 저물어 가고 있었지만, 하나님께서는 여전히 이삭으로 그의 뒤를 잇게 하셨고 약속대로 당신의 나라를 세워 나가셨습니다. 그리고 이 일은 주님 다시 오실 그 날까지 이어질 것입니다.

언젠가 주님이 다시 오실 그 날에 마침내 하나님 나라의 긴 역사는 종착역에 도달하게 됩니다. 그런 의미에서 우리도 지금 하나님 나라 역사에 동참한 일꾼들임을 잊지 말아야 합니다. 그리고 그 나라의 일꾼 된 우리도 아브라함이나 이삭처럼 믿음으로 반응함으로 하나님께 기쁨을 드릴 책임이 있음을 잊지 말아야 합니다.

하나님 나라의 일꾼이 된다는 것은 참으로 영광스러운 일입니다. 이왕이면 우리도 아브라함처럼 신앙의 거인이 되면 좋겠습니다. 그 나라에 합당한 믿음의 반응을 통해 하나님을 더 기쁘시게 해 드린 자라는 증거들을 가질 수 있었으면 좋겠습니다.

풍성한 은혜가 이 책을 읽으시는 독자 여러분과 함께 하시기를 기원합니다.

주님의 영광을 위하여

김원광 목사

하나님 말씀으로 「축복 선포 기도」
아름다운 입술의 열매

〈건강한 자아 형상 회복과 기적〉

짱 샤 워 비 루 원저 ● 임철현/조한미 편역

윤택하고 아름다운 인생을 살고자 한다면
이 책이 그 방법을 쉽게 가르쳐줍니다!

간단하게 따라서 믿는 마음으로 읽기만 하면 됩니다!

"… 너희 말이 내 귀에 들린 대로 내가 너희에게 행하리니"
(민수기 14:28하)

중•고•대•대학원 수석/장학생으로
키운 엄마의 간증!

미국의 예일, 줄리어드, 노스웨스턴, 이스트
만, 브룩힐, 한예종, 예원중에서 수석도 하고
장학금과 지원금으로 그동안 10억여 원을 받
으며 공부하는 두 아이지만,
그녀는 성품교육을 더 중요시했습니다.

두 자녀를 잘키운
삼숙씨의 이야기

정삼숙 사모지음

CBS-TV
「새롭게하소서」
저자 간증 QR

맞춤형 30일간 무릎기도문 시리즈

기도만이 답이며 해결입니다!

가정 ❶ 자녀

가정 ❷ 가족

가정 ❸ 남편

가정 ❹ 아내

가정 ❺ 태아

가정 ❻ 아가

가정 ❼ 부모용
재난재해안전

가정 ❽ 자녀용
재난재해안전

가정 ❾ 십대부모

가정 ❿ 십대

자녀축복
안수기도문

부모를 위한
기도문

교회 ❶ 태신자

교회 ❷ 새신자

교회 ❸ 교사

번성을 위한
기도문

"두려워하지 말라 나는 네 방패요 너의 지극히 큰 상급이니라" (창15:1)

망망한 바다 한가운데서 배 한 척이 침몰하게 되었습니다.
모두들 구명보트에 옮겨 탔지만 한 사람이 보이지 않았습니다.
절박한 표정으로 안절부절 못하던 성난 무리 앞에 급히 달려 나온 그 선원이
꼭 쥐고 있던 손바닥을 펴 보이며 말했습니다.
"모두들 나침반을 잊고 나왔기에 … "
분명, 나침반이 없었다면 그들은 끝없이 바다 위를 표류할 수 밖에 없을 것입니다.

우리는 삶의 바다를 항해하는 모든 이들을 위하여
그 나침반의 역할을 하고 싶습니다.
우리를 구원하신 위대한 주 예수 그리스도를 널리 전하고 싶습니다.

"하나님은 모든 사람이 구원을 받으며
 진리를 아는 데에 이르기를 원하시느니라"
 (디모데전서 2장 4절)

하나님만이 이기게 하신다

지은이 │ 김원광
발행인 │ 김용호
발행처 │ 나침반출판사

제1판 발행 │ 2016년 6월 10일

등   록 │ 1980년 3월 18일 / 제 2-32호
주   소 │ 07547 서울특별시 강서구 양천로 583
         블루나인 비즈니스센터 B동 1607호
전   화 │ 본사 (02) 2279-6321 / 영업부 (031) 932-3205
팩   스 │ 본사 (02) 2275-6003 / 영업부 (031) 932-3207
홈   피 │ www.nabook.net
이메일 │ nabook@korea.com / nabook@nabook.net

ISBN   978-89-318-1515-3
책번호   다-2111

값은 뒷표지에 있습니다.